6.95

Kindheitserinnerungen aus Schlesien

Herausgegeben
von
Gundel Paulsen

Husum

Umschlagbild: Johann Heinrich Bleuler, „Heuscheuer"
(Abdruck mit freundlicher Erlaubnis der Kunstsammlungen der Veste Coburg)

Die Deutsche Bibliothek – CIP-Einheitsaufnahme

Kindheitserinnerungen aus Schlesien / hrsg. von Gundel
Paulsen. – 4. Aufl. – Husum : Husum, 2001
   (Husum-Taschenbuch)
   ISBN 3-88042-454-3
NE: Paulsen, Gundel [Hrsg.]

4. Auflage 2001

© 1989 by Husum Druck- und Verlagsgesellschaft mbH u. Co. KG,
   Husum
Satz: Fotosatz Husum GmbH
Druck und Verarbeitung: Husum Druck- und Verlagsgesellschaft
Postfach 1480, D-25804 Husum – www.verlagsgruppe.de
ISBN 3-88042-454-3

Wo ist die goldne Zeit

Johann Christian Günther

Wo ist die Zeit, die goldne Zeit,
Wo sind die süßen Stunden,
Worin ich von der Eitelkeit
Noch wenig Gram empfunden?
Ich war ein Kind, ich trieb mein Spiel,
Das selbst der Unschuld wohl gefiel,
Und durft' an keinem Morgen
Vor Kleid und Nahrung sorgen.

Die Einfalt gab mir Fried' und Ruh,
Der Unverstand viel Glücke;
Es satzte mir kein Zweifel zu,
Viel minder Neid und Tücke;
Kein Ehrgeiz plagte Geist und Sinn,
Ich lebt' in aller Hoffnung hin
Und fühlte kein Entzünden,
Noch unbekannte Sünden.

Ich schwör' es, die Zufriedenheit
Der armen Christtagsbürde
War dort von größrer Zärtlichkeit,
Als wenn ich Domherr würde;
Der Eindruck von derselben Lust
Erwacht mir noch in Mark und Brust,
So oft ich nur die Lehre
Des Weihnachttextes höre.

Von Fabeln bei der Rockenzunft
Empfand ich mehr Vergnügen
Als jetzt von Schlüssen der Vernunft,
In welchen Knoten liegen;
Ja, wenn mir auf der Ofenbank
Ein Lied vom deutschen Kriege klang,
So schien die alte Grete
Mein künstlichster Poete.

Ein Garten, den des Vaters Schweiß
Stets vor der Tauzeit netzte,
Versüßte mir den Bücherfleiß,

Womit er mich ergetzte.
Oft war ein Nest voll Vögel da,
Da klang ein froher εὕρηκα,
Als dessen kaum geklungen,
Der aus dem Bad entsprungen.

Die Nachbarskinder ließen mir
Die Ehre, sie zu lenken;
Da spielt- und lacht- und sprungen wir
Auf Rasen, Berg und Bänken;
Was dieser hört' und jener sah,
Das in der großen Welt geschah,
Das sucht auch ich mit vielen
Im kleinen nachzuspielen.

Der Schweden Beispiel weckt' einmal
In uns viel Andachtsflammen,
Wir knieten in gehäufter Zahl
Auch öffentlich zusammen;
Der Eifer war mehr Ernst als Schein,
Und unser täglich Himmelschrein
Hat etwan auch viel Plagen
Des Vaterlands verschlagen.

Wie ernstlich war ich dort ein Christ!
Wie brannt' oft mein Verlangen,
Dich, der du unser Heiland bist,
Persönlich zu umfangen!
Wie freudig dacht' ich an den Tod!
Ach Gott, gedenk' einmal der Not,
Vor die ich, als ein Knabe,
Voraus gebetet habe.

Mit was vor Liebe, Trost und Treu
Konnt' eins das andere klagen,
Wenn etwan blinde Tyrannei
Das Stiefkind hart geschlagen;
Wir stritten leicht, doch aller Streit
War stündliche Versöhnlichkeit,
Und von der Eltern Gaben
Mußt' jeder etwas haben.

Als fahrender Schüler in Schlesien
um 1515

Thomas Platter

Ich weiß nicht mehr alles, was uns auf dem Wege begegnet ist, doch etlicher Dinge erinnere ich mich. Als man auf dem Wege allerlei redete, sagten die Bacchanten (Bezeichnung für ältere fahrende Schüler) zueinander, wie es in Meißen und Schlesien Brauch sei, daß die Schüler Gänse und Enten, auch andres zum Essen rauben dürften, und tue man einem nichts, wenn man sich nicht von dem betreten lasse, dem die Sache gehöre ...

Wir brachen wieder auf und zogen auf Breslau zu. Unterwegs mußten wir vielen Hunger leiden, so daß wir oft nichts als rohe Zwiebeln mit Salz, oft etliche Tage nur gebratene Eicheln, Holzäpfel und Birnen zu essen hatten. Manche Nacht lagen wir unter freiem Himmel, da man uns nirgends bei den Häusern leiden wollte, wie freundlich wir auch um Herberge baten; zuweilen hetzte man die Hunde an uns. Aber in Breslau war alles vollauf, ja so wohlfeil, daß sich die armen Schüler überaßen und oft in schlimme Krankheit fielen. Da gingen wir zuerst im Dome zum heiligen Kreuz in die Schule. Als wir aber vernahmen, daß in der obersten Pfarre zu St. Elisabeth etliche Schweizer waren, zogen wir dahin. Da waren zwei von Bremgarten, zwei von Mellingen und andere, auch viele Schwaben; es war kein Unterschied zwischen Schwaben und Schweizern. Wir sprachen zu einander wie Landsleute und schirmten einander.

Die Stadt Breslau hat sieben Pfarren und jede eine besondere Schule. Es durfte kein Schüler in einer andern Pfarre singen gehen (um Gaben), oder sie schrieen: Ad idem! ad idem! (Bleib im Bezirk!) und die Schützen (Bezeichnung für jüngere fahrende Schüler, die den älteren, Bacchanten genannten, dienen, auch für sie betteln und stehlen mußten) liefen dann zusammen und schlugen einander gar übel. Es sollen auf einmal etliche tausend Bacchanten und Schützen in der Stadt gewesen sein, die sich alle von Almosen ernährten; einige waren da zwanzig bis dreißig Jahre und mehrere länger, und sie hatten ihre Schützen, die ihnen präsentierten (Nahrung zutrugen). Ich habe meinen Bacchanten oft eines Abends fünf bis sechs Trachten in die Schule getragen, wo sie wohnten. Man gab mir auch recht gern, darum weil ich klein war und ein Schweizer; denn man hatte die Schweizer sehr lieb. Man hatte nämlich großes Mitleiden mit den Schweizern, weil sie zu dieser Zeit in der großen Mailänder Schlacht (bei Marignano 1515) übel gelitten hatten, so daß der gemeine Mann sagte: „Jetzt haben die Schweizer ihr bestes Paternoster verloren"; denn vorhin meinte man, sie seien schier unüberwindlich.

Ich blieb also eine zeitlang da (in Breslau). In einem Winter war ich dreimal krank, daß man mich in das Spital bringen mußte. Die Schüler haben ein besonderes Spital und einen eigenen Arzt. Man gibt auf dem Rathaus für einen Schüler wöchentlich sechzehn Heller, wofür man einen gar wohl unterhält. Sie haben gute Pflege, auch gute Betten, aber es sind Läuse darin, so groß wie kleiner Hanfsamen, daß ich viel lieber in der Stube, wie mancher, auf dem Erdboden lag als im Bette. Die Schüler und Bacchanten, ja auch zu Zeiten der gemeine Mann, sind so voll Läuse, daß es nicht zu glauben ist; ich hätte schier, so oft man gewollt, drei Läuse auf einmal aus dem Busen gezogen. Oftmals ging ich auch, besonders im Sommer, hinaus an die Oder, das Wasser, das da vorbeifließt, wusch dort mein Hemd, hängte es an eine Staude und trocknete es; dazwischen lauste ich meinen Rock, machte eine Grube, warf einen Haufen Läuse darein, bedeckte sie mit Erde zu und pflanzte ein Kreuz darauf. Den Winter liegen die Schützen auf dem Erdboden in der Schule, die Bacchanten aber in den Kammern, deren zu St. Elisabeth etliche Hundert waren; den Sommer aber, wenn es heiß war, lagen wir auf dem Kirchhof, trugen Gras zusammen, das man im Sommer in den Herrengassen vor die Häuser am Sonntag spreitet; das trugen etliche an einer Ecke des Kirchhofs zusammen, und wir lagen darin wie Säue auf der Streu; wenn es aber regnete, liefen wir in die Schule, und beim Gewitter sangen wir schier die ganze Nacht Responsorien (Wechselgesänge) und anderes mit dem Subcantor. Zuweilen gingen wir im Sommer nach dem Nachtmahl in die Bierhäuser Bier heischen; da gaben uns die trunkenen Polackenbauern soviel Bier, daß ich oft unvermerkt so trunken wurde, daß ich nicht wieder zur Schule kommen konnte, obschon ich nur einen Steinwurf weit davon war. Auch fand sich Nahrung genug da, aber man studierte nicht viel.

In der Schule zu St. Elisabeth lasen immer in einer Stube zu derselben Stunden neun Baccalauren (Lehramtsanfänger an höheren Schulen) zusammen; die griechische Sprache war noch nirgends im Land; auch hatte man noch keine gedruckte Bücher, der Lehrer allein hatte einen gedruckten Terentius (Römischer Lustspieldichter).

Von dort gingen unser acht wieder hinweg nach Dresden; wir litten aber auf dem Wege wieder großen Hunger. Eines Tages beschlossen wir, uns zu teilen; etliche sollten auf Gänse ausgehen, etliche auf Rüben und Zwiebeln, einer einen Topf bringen, wir Kleinen aber sollten in die Stadt Neumarkt gehen, die nicht weit von da auf der Straße lag, und Brot und Salz besorgen. Abends wollten wir vor der Stadt wieder zusammenkommen, dort uns lagern und kochen, was wir dann hätten. Es war einen Büchsenschuß von der Stadt ein Brunnen, da wollten wir die Nacht bleiben. Aber als man in der Stadt das Feuer sah, kam man zu uns heraus, doch traf man uns nicht mehr, wir liefen hinter einen Rain zu einem Wasser am Walde. Die großen Gesellen hieben Stauden ab und machten eine Hütte; ein Teil rupfte die Gänse, deren sie zwei hatten; andere bereiteten Rüben im Topfe, taten den Kopf und die Füße, auch die Därme der Gänse darein; andere machten zwei hölzerne Spieße und fingen zu braten an, und als es ein wenig rot war, nahmen wir es vom Spieße ab und aßen's; also auch die Rüben. In der Nacht hörten wir etwas rauschen; da war neben uns ein Weiher, den hatte man den Tag abgelassen, und sprangen die Fische auf dem Schlamme. Da nahmen wir Fische, soviel wir in einem Hemd an einem Stecken tragen konnten, und zogen davon bis zu einem Dorfe; da gaben wir einem Bauern einen Fisch, daß er uns die andern in Bier koche.

Kindheit am Hof
des Herzogs von Liegnitz

Hans von Schweinichen

Anno 1552, montags nach Johannis, bin ich, Hans Schweinichen, auf dem fürstlichen Haus und Schloß Gröditzberg von .... meinen lieben Eltern Herrn Georg Schweinichen von Mertschütz und Frau Salome Gladissin von Görb geboren und bald in 8 Tagen hernach getauft und mir obbemeldter Name Hans gegeben worden, darum, daß ich bald nach Johannis geboren bin, und sein also wie gemeldet, Herr Georg von Schweinichen und Frau Salome Gladissin mein Herr Vater und Frau Mutter worden..

Bin also von anno 1552 da ich geboren worden, bis auf anno 1558, montags nach Margarethe, auf dem Gröditzberg als ein Kind von meinen geliebten Eltern in der Furcht Gottes aufgezogen worden, da mir denn große Wartung mit Kindsmägden gehalten und sonsten geschehen sein soll. Inmittelst meiner Jugend hat mein lieber Herr Vater und Frau Mutter noch mehr Kinder miteinander gezeugt, ehe ich im wenigsten zu meinem Verstand bin kommen.

Nachdem aber anno 1558 der durchlauchtigste und hochgeborene Fürst und Herr, Herr Heinrich, Herzog in Schlesien, zu Liegnitz und Brieg, seine mündigen Jahre erreicht und fürstliche Gnaden, Herzog Georg zu Brieg, als verordnetem Vormund, mit Vorwissen ihrer Königlichen Majestät zu Böhmen das Fürstentum Liegnitz übergeben worden, ist auf eigenes Anstiften I. F. Gn. (Ihrer Fürstlichen Gnaden) Herzog Heinrichs mein Herr Vater vom Gröditzberg nach Mertschütz auf sein Gut gezogen und ihrer Fürstlichen Gnaden bestallter Rat geworden, hat jedoch mehr umsonst als um Besoldung gedient.

Wie ich meines Alters ins neunte Jahr gekommen und also wenig baß meinen Verstand erlangt habe, habe ich zu Mertschütz zum Dorfschreiber George Pentzin gehen müssen und allda zwei Jahre schreiben und lesen lernen, denn ich war bald risch.

Wenn ich aus der Schul' kam, mußte ich der Gänse hüten. Wie sie nun einstmals so sehr umliefen, speilt ich den Gänsen allen das Maul auf; da blieben sie allesamt stille stehen und wären bald verdurstet, welches die Frau Mutter gewahr ward und mir einen guten Schilling (Schläge) gab. Durfte hernach nicht mehr der Gänse hüten; bekam aber ein ander Amt, daß ich in Ställen und Scheuern

Eier suchen mußte, und wenn ich ihrer ein Schock zusammenbrachte, so gab mir die Frau Mutter sechs Heller davor. Die währten nicht lange, so hatte ich Glossen und Schnellkäulichen (Murmeln und Wurfsteinchen) davor.

Im Jahre 1561 habe ich die rote Ruhr, den Stein und andere Krankheiten ausgestanden, so daß Vater, Mutter und Geschwister bereits von mir weggegangen sein, auch in zwei Stunden nicht anders gewußt, denn daß es um mich geschehen. Weil ich mich aber etwas mit einem Arm bewegt habe, hat meine Kindsmagd, so noch bei mir gewesen, wieder ein Geschrei gemacht, ich lebte noch. Hernach haben sie mich gekühlt, daß ich wieder ein wenig zu Kräften bin kommen und bitten konnt, man solle mir warm Brot mit Butter geben. Wie das geschehen, hat Gottes Gnade verordnet, daß es von Tag zu Tag besser ward.

Nach solcher meiner Krankheit bin ich wieder im Dorfe zur Schule gehalten worden, und wie ich nun ein wenig zu lesen angefangen und fast, so zu sagen, stammeln können, als auch im Schreiben die Buchstaben setzen und Krähenfüße machen, bin ich anno 1562, vierzehn Tage vor Ostern, von meinem lieben Herrn Vater zu Ihro Fürstlichen Gnaden Herzog Friedrich III., als welcher dieweil zu Liegnitz in der Custodia (Haft) gehalten worden, gegeben, damit ich mit Ihro Fürstlichen Gnaden Herzog Friedrich dem Jüngern und Vierten dieses Namens studieren sollte. Es war damals den jungen Herren ein Präzeptor gehalten, Hans Pfitzner von Goldberg genannt. Zum Bücherkaufen und zur Zehrung hat mir der Herr Vater 32 Weißgroschen gegeben. Da neben dem jungen Herrn sonst niemand als ich und Barthel Logau mit zum Studieren gegeben worden, hat I. F. Gn. uns ein eigenes Zimmer, die kleine Bastei gegeben. Darinnen mußten wir täglich studieren, den Katechismus und die Litanei fleißig auswendig lernen, sowohl das Rosarium (Sammlung von Gebeten) als sonsten lateinisch lesen lernen, all Tage vier vocabula behalten, und wenn die Woche herum war, auf einmal rezitieren. Wiewohl der Präzeptor den jungen Herrn und uns ganz strenge gehalten, habe ich doch allzeit einen Vorteil vor dem jungen Herrn und dem Logau gehabt, weil mir die Frau Mutter zu Zeiten Mit-Heller geschickt, damit ich mich dann beim Präzeptor abgekauft. Denn da der gute Mann gerne auf die Buhlschaft zu schönen Jungfrauen ging, so ließ er oft fünf grade mit mir sein, damit ich ihm nur mit Geld aufwarte. Bin also die Zeit, weil er Präzeptor war, nicht über zweimal gestrichen (geprügelt) worden, welche zweimal ich wohl verdient gehabt, und er Ehren halber nicht hat umgehen mögen. Sonst bin ich neben dem von Logau mit Essen und Trinken wohl gehalten worden. Wir mußten auch dem alten Herrn im Zimmer aufwarten und leisten, was Jungen zusteht, auch mehrenteils, wenn I. F. Gn. einen Rausch hatten, im Zimmer liegen bleiben, denn dieselben gingen nicht gerne zu Bette, wenn sie berauscht waren.

Ihre Fürstlichen Gnaden gaben mir bald das Amt, daß ich Kellerherr sein mußte; danach hatte ich auch im Befehl I. F. Gn. Rappier (Degen), welches sie allezeit meine Jungfer Käthe geheißen haben. Und wenn I. F. Gn. sagten: „Puff, daß dich Basmatter! Gib mir deine Jungfer Käthe her, ich will ein Tänzlein tun", so bekam ich dazu eine fürstliche Maulschelle. „Wie gefällt dir das? War das nicht eine gute fürstliche Maulschelle?" Wenn ich solches lobte, so gaben mir I. F. Gn. einen Weißgroschen zu Semmeln; aber die Maulschelle war noch mehr als 20 Weißgroschen wert, und ich hätte doch der großen Gnade lieber entbehren wollen.

Ferner mußte ich auch I. F. Gn. Blaserohr nebst Küglein und Bolzen in Verwahrung haben, und wenn dieselben Fremde zum Schießen hatten, und sie gewannen und brachten den Vogel herunter, so hatte ich einen Kreuzer, welches mir manchen Tag sechs bis sieben Weißgroschen brachte; dagegen mußte ich beim Schnitzner (Drechsler) die Vögel machen lassen und gab für einen zwei Heller.

I. F. Gn. waren damals in der Custodia (Gefangenschaft) gottesfürchtig; abends und morgens, voll oder nüchtern, betete sie fleißig, alles auf Latein. Sie haben auch ihr Gemahl Tag und Nacht bei sich im Zimmer gehabt. Wie es vielmal zuging, habe ich damals, als ein Kind, nicht verstanden, obgleich ich viel gesehen, gebührt mir doch auch nicht, viel davon zu reden; dies (sei) in seinen Ort und in die finstre Metten (Redensart) gestellt. Allhier aber erinnere ich mich, daß ich, als ich erst wenige Tage am Hofe war, der alten Herzogin beim Baden aufwarten mußte. Es währet nicht lange, so kommt eine Jungfrau, Katharina genannt, stabenackend heraus und heißt mich, ihr kalt Wasser geben. Weil ich zuvor kein nackend Weibsperson gesehen, begieße ich sie (weiß nicht, wie ich es versah) mit dem kalten Wasser, so daß sie laut schreit und der Herzogin sagt, wie ich ihr mitgespielt. Die Herzogin aber lacht und spricht: „Mein Schweinlein wird gut werden."

Wenn vorangemeldeter Präzeptor auf die Buhlschaft ging, rauften der von Logau und ich uns miteinander; als nun einstmals niemand uns voneinander brachte, ist eine Sau aus dem schwarzen Reiterszimmer die Wendelstiege heraufkommen und hat also gegrunzt, daß wir uns gefürchtet und voneinander gelassen. Weil nun keine Sau im Schlosse gewesen, kann leichtiglich erachtet werden, wie Gott uns beide habe behüten wollen!

Von Ostern anno 1562 bis ausgehend anno 1563 ist mein Lernen gewesen: Deutsch und Lateinisch schreiben und lesen, und dabei den Katechismum und die Gebote auswendig lernen, und was sonsten hat am Hofe vonnöten sein mögen. Nach nicht ganz zwei Jahren hat mich mein Herr Vater wieder abgefordert, und ist die Ursach' diese gewesen: Weil I. F. Gn. der alte Herzog dem derzeitigen Hofprediger, Herrn Leonhard Krenzheim, gram war und ihn gar nicht leiden konnte, hat Ihro Gnaden ein Pasquill (Schmähschrift) gemacht, welches ich auf den Predigtstuhl in die Schloßkirche legen mußte, damit es Herr Leonhard gewiß bekommen möchte. Wie Herr Leonhard auf den Predigtstuhl steigt, so findet er den Zettel, welcher ziemlich lang war, wird darüber erzürnt, und statt daß er das Evangelium soll lesen, liest er das Pasquill vor, davon der letzte Vers also gelautet:

„All Unglück und Zwietracht

Zwischen meinem Sohn, Herzog Heinrich, hochgeachtet,

Das richt' alles der Suppenpfaffe an,

Der verlaufene, fränk'sche, lose Mann."

Darüber wurden I. F. Gn. Herzog Heinrich sehr ergrimmt und stellten nach der Predigt ein Examen an, da denn meine Verräter bald da waren und sagten, daß ich's getan hätte. Darauf schickten I. F. Gn. also bald nach meinem Vater und verwiesen ihn, mich von solchem Tun abzuhalten. Wie aber der Herr Vater berichtet worden, daß ich es auf Herzog Friedrichs Befehl habe tun müssen und es als ein Kind nicht besser verstanden, hat er es Herzog Heinrich untertänigst anheim gegeben, mich vom Hofe wegzulassen, mit welchem Ihro Fürstliche Gnaden zufrieden gewesen. Dies ist ohngefähr, was mir in meiner Kinderjugend und in meinem Dienste an dem Liegnitzer Hofe begegnet und widerfahren ist. Habe diese zwei Jahre über 7 Taler 31 Weißgroschen von zu Hause bekommen.

Die Beschießung von Breslau

Karl von Holtei

Der Sommer kam und ging, und wir verlebten ihn knabenhaft.
Ich weiß von dieser Zeit nicht mehr, als daß mir das Lernen der
Vokabeln zuwider war — daß der Schreiblehrer über mich klagte
— daß ich schlechte „Conduitenzettel" bekam — daß wir einen
Lehrer hatten, der Frühböse hieß und natürlich sofort in Abend-
gut umgetauft wurde — daß Mutter mir heimlich Obst und Nä-
schereien zusteckte, und daß ich am Samstag vom Diener abge-
holt wurde, um zu Hause allerlei Unfug zu treiben, mich schrecklich zu überfressen und am Montag mit Kopfschmerzen aufzuwachen.

Mittlerweile hatten sich in der Welt große Dinge zugetragen.
Preußen war gegen Frankreich ins Feld gerückt. Unsere militärischen Verwandten und Freunde waren teils bereits eingezogen,
teils hörte ich die Zurückgebliebenen, wenn ich des Samstags mit
am Tisch saß, von Lorbeeren und leichten Siegen jubeln.

Das währte solange, bis die Nachricht von einer verlorenen
Schlacht allen ihren Vorhersagen einen garstigen·Schlußpunkt
setzte. Ich blieb sehr ruhig dabei und begriff nicht, warum viele
meiner älteren Mitschüler darüber so aufgebracht waren. In meinem kleinen Herzen hatte die Idee eines Vaterlandes noch nicht
Wurzeln fassen können — überhaupt war meine Umgebung nicht
sonderlich geeignet, klare Gedanken oder tiefe Gefühle zu er-
wecken.

Es schien sich alles aufzulösen, was mir bisher eine unerläßliche
Voraussetzung für unsere Anstaltsordnung gewesen war. Die
Unterrichtsstunden wurden unterbrochen. Besuche kamen und
gingen. Jeder Fremde brachte andere Neuigkeiten. Worte wie:
„Feind — Franzosen — Belagerung" schlugen an mein Ohr, ohne
daß ich ihnen einen rechten Sinn zu geben vermochte. Alle anderen hingegen zeigten sich darob sehr besorgt.

Am 9. Dezember 1806 wurde bekannt, daß Breslau von den napoleonischen Truppen unter Jerome bereits völlig eingeschlossen
war. Mitten in die hiernach sich steigernde Unruhe trat ein Bote
meiner Mutter, der mich mit Sack und Pack heimholte.

Der heiße Wonneschauer meiner anfänglichen Freude empfing
aber eine sehr schnelle Abkühlung. Die ganze Angelegenheit gewann in der vertrauten und doch so verwandelten Umgebung ein
anderes Aussehen und wurde mir entschieden bedenklich. Die
Frauen rangen die Hände, und ich hörte nicht mehr dunkel von

Franzosen und Belagerung, sondern sehr deutlich von Kanonen-
kugeln, Raketen, Sturm, Feuer und Plünderungen reden. Derar-
tig gefährliche Dinge wollten mir, der ich bislang mit so weibi-
scher Ängstlichkeit erzogen worden war, durchaus nicht gefallen.

Andererseits reizten die aufregenden Gespräche meine kna-
benhafte Neugier. Auch das allgemeine Durcheinander, das auf-
geregte Hin und Her, das Einpacken der vorhandenen Kostbar-
keiten unterhielt mich. In jenen unruhigen Tagen wurde meiner
Pflegemutter, eben als ich inmitten von Körben und Kästen bei
ihr stand und ihr Wäsche zureichte, der Tod ihres Bruders, des
Großonkel Chef-Präsidenten, gemeldet — sie nahm diese Nachricht, die unter anderen Verhältnissen gewiß eine große Wirkung
ausgelöst haben würde, in völliger Gleichgültigkeit hin und fuhr
sogleich in ihrer hausfraulichen Tätigkeit fort. Jedermann dachte
damals eben nur an sein eigenes Leben und an seinen eigenen Tod.

Ich kann heute nicht mehr recht angeben, wie lange die Tage
der bangen Erwartung anhielten. Nur soviel weiß ich, daß ich eines Morgens, am Fenster meines rückwärtig gelegenen Spielzim-
mers stehend, etliche glühende Kugeln, die einen Feuerschweif
hinter sich herzogen, im gewaltigen Bogen durch den Himmel
fliegen sah. Der Anblick war wunderhübsch, doch regte sich in
mir die Ahnung, daß die Geschichte nicht geheuer sein könne.

Aus dem Zimmer hastend, stand ich allein auf dem Flur. Mir
ward bang zumute, und ich suchte Menschen. Aber als ich sie
fand, waren es nur noch Narren und Wahnsinnige; sie rannten
planlos durcheinander, sie weinten und schrien, beteten und
heulten — ein Pandämonium, in dem ich alsbald mit einem nicht
minderen Aufwand an Lärm ebenfalls versank.

Während alles mit Jammern und Zetern sich Hilfe erflehte,
blieb die Hilfloseste unter uns, die lahme Lorette, völlig ruhig
und warf ihre klaren Ratschläge in den trüben Tümpel der toben-
den Torheit. Ich war damals schon besonnen genug, mich an jene
zu halten, die mir mit ihrer Ruhe vertrauenswürdig erschienen.
So hielt ich es auch hier und fand in der Unterhaltung mit Lorette
schneller meine Fassung wieder als in den lärmenden Bußübun-
gen der anderen.

Weil es nun aber anfing, über der Erde zusehends gefährlicher
zu werden, suchten viele Bürger ihr Heil unter der Erde. Man fing
an, sich in die Keller zu verkriechen. Die bewohnbaren Räume
waren bald überfüllt. In Ermangelung anderer Unterkunft wurden Gewölbe, massive Decken und feste Grundmauern aufge-
sucht.

Auch wir bezogen eine solche kleine Behausung im Palast

Hatzfeld, dem Sitz der Regierung, wo während der Belagerung der Gouverneur der Stadt wohnte, während der königliche Bevollmächtigte, Graf Hoym, es für zweckmäßig erachtet hatte, die Stadt rechtzeitig zu verlassen. Jene Not- und Angstwohnung bestand aus einer kleinen Stube und einem Kämmerlein. Sie war die Unterkunft von des Herrn Ministers Kutscher, der sie uns für schweres Geld überlassen hatte. In diesen beiden engen Räumen wohnten, lebten und schliefen: die ganz aufgelöste Mutter, die lahme Tante Lorette, die einst mich so rachsüchtig bedrohende Tante Julie, der als Nachfolger auf unseren Gütern ins Unglück gekommene Onkel Riedel, die Witwe des kaltblütigen Polizeidirektors, zwei Dienstmädchen, drei Hunde und meine Winzigkeit.

Die Fenster waren durch große Holzstöße und ausgiebige Mengen von Pferdemist außen zugedeckt, so daß kein Schimmer des Tageslichts zu uns drang. Bald summten und brummten die Kugeln und Bomben über uns, und das Krachen, Knallen, Platzen und Knacken dauerte unausgesetzt fort. Dennoch hatte ich mich überraschend schnell an den Lärm gewöhnt, die anderen offenbar auch.

Es wurde unheimlich viel gegessen und getrunken. Wo die genießbaren Vorräte in solcher Fülle herkamen, mag Gott wissen. Ich spielte mit meinen Bleisoldaten oder den Hunden, kroch in die benachbarten Pferdeställe, wo tausend Kaninchen herumliefen, und vergnügte mich im ganzen recht gut.

Manchmal hieß es: „Nun kommt ein Unterhändler – es ist Waffenstillstand!" Dann hörte das Krachen auf, und ich ging in den Vorhof des Palastes. Der Abgesandte traf in einem geschlossenen Wagen ein, die Augen mit einer weißen Binde bedeckt, und wurde zum Gouverneur geführt. Ich trieb mich während dieser Frist mit den anderen Kindern in der Gasse herum. Sobald der Parlamentär wieder abfuhr, wurde ich von dem Tantenträger wieder eingefangen und in die kühle Finsternis unseres Notbaues gebracht.

Wenn der Höllenlärm der Geschütze den Schlaf störte, wurden allerlei Possen getrieben, bei denen ich mich als der Bajazzo der Gesellschaft fühlte. Eine unerschöpfliche Spannung erregte die Frage, ob herein- oder hinausgeschossen wurde. Man übte das Ohr bis zum Virtuosentum und war stolz darauf, wenn man sich nicht getäuscht zu haben glaubte. Manchmal freilich wurde auf beiden Seiten die Kanonade so stark, daß uns im Dröhnen der Mauern und Fußböden die Lust zu derlei Tiefgründigkeiten entschieden verging.

Eines Tages stürzten plötzlich einige unserer unfreiwilligen Nachbarn mit Eimer und Feuergeschrei aus den Pferdeställen, die sich an unseren Notbau anschlossen. Dicht neben uns brannte es. Eine Bombe war trotz Holz und Mist von der Straßenseite her durch ein Fenster gedrungen, hatte die Möbel angezündet und im Bersten das Gewölbe beschädigt.

Wir sahen uns nur durch eine Mauer von dem Schauplatz der Zerstörung getrennt, und ich, mutlos und zitternd vor Eintritt der Gefahr, in ihr selbst aber keck und vorwitzig, hatte mich alsbald im allgemeinen Tumult in das Gedränge gemischt. Hier erregte die höchste Bewunderung ein Mädchen meines Alters, das sich durch die bereits munter prasselnden Flammen wagte, um einen Zeisig zu retten, der in seinem Käfig aufgeregt zwitscherte. Das Unterfangen lief glücklich ab, und bald danach wurde auch das Feuer gelöscht.

Mit unserer Ruhe und erträumten Sicherheit war es nun freilich vorbei. Eine stärkere Zuflucht wurde erstrebt. Unter der Hauptfront des Palastes befanden sich tiefe Keller. Zu diesen schaffte man die Schlüssel herbei, und mit Betten und Geräten aller Art begann die Prozession nach unten. Bevor man jedoch zum Kellertor gelangen konnte, mußte man noch einen Hof durchschreiten, der zwar nicht weitläufig war, jedoch im Feuerbereich lag.

Unser Diener nahm Tante Lorette auf den Arm, Onkel Riedel führte die Mutter, und sie alle kamen glücklich hinüber. Es folgten die Dienstmädchen, die Tante Julie begleiteten. Auch sie erreichten den Kellerhals ohne Schaden, nur eine Paßkugel war sausend über sie hinweggeflogen. Es verblieben jetzt noch die Direktorin und ich.

Die alte Dame hatte nicht rechte Lust, zu wagen, was doch endlich gewagt werden mußte. Ich trug einen Mops auf dem Arm, das andere Hundevolk war schon mit den ersten Überläufern selbständig hinübergewechselt. Voller Sehnsucht nach der Geborgenheit meiner Vorgänger, nahm ich einen Anlauf. Aber noch hatte ich nicht die Hälfte meines Weges zurückgelegt, als eine dicke Mutterbombe mir zur Rechten in den Holzstoß fuhr, der eines der Fenster unseres nunmehr aufgegebenen Nothauses schützte. Schwere Kloben flogen um mich her wie ein Schwarm Mücken.

Zwar blieb ich bei Besinnung, doch war ich wie gebannt. Der Schreck hatte mich förmlich auf den Fleck gezaubert, ich konnte weder vorwärts noch zurück. Hinter mir hörte ich alle himmlischen Heerscharen anrufen. Jenny, das Mopsweibchen auf meinem Arm, mauzte kläglich. Ich gab ihr in der Gemeinsamkeit bedrückender Gefühle einen Kuß auf die schwarze Schnauze.

Paff! Eine zweite Bombe fiel dicht vor meinen Augen nieder und wühlte sich im Steinpflaster des Hofes ein Bett zurecht wie eine Henne, die im Sand baden will. Den Zunder sah ich lustig glimmen und hörte gleichzeitig das andere Bombenstück verheißungsvoll im Holze rumoren. Wie mir gemach der Atem ausging, faßte mich eine Hand kräftig am Rock und zog mich zurück in die Stalltür, während unterdessen hintereinander, so wie man Eins-Zwei-Drei sagt, krachend die Bomben platzten und eine Handvoll davon gegen die dicken Bohlen schlug, daß es ein Loch gab, so groß wie ein Pferdekopf.

Eisen, Splitter und Späne schwirrten im Stall herum.

„Nun Herr, in deine Hände!" sagte mein Schutzengel, und mit diesem Ausruf nahm mich die Direktorin bei der Hand, um dem Keller zuzueilen, wo sich uns, den bereits Totgeglaubten, hundert Arme entgegenstreckten.

Der ganze große Keller war bewohnt. Wer sich nur irgend hatte einschleichen können, war mit einem Bündel Betten untergekrochen. Nun ging ein Leben von absonderlicher Lustigkeit an, das zu den Begleitumständen in merkwürdigem Widerspruch stand. Es wurde ein Feldlager unter der Erde. Jeder richtete sich nach bestem Vermögen seine Haushaltung her. Bretter bildeten die Grenzen, Fässer und Tonnen wurden zu Stühlen und Tischen, eine Laterne diente als Kronleuchter.

Freunde besuchten einander, neue Bekanntschaften bahnten sich an, ja — man lud sogar einander zu Tee und Kaffee ein. Wo alle diese Lebensmittel herkamen, weiß ich mir bis heute noch nicht zu erklären, jedenfalls habe ich in meinem Leben nicht mehr so viel an Speisen und Getränken vertilgen sehen wie damals.

Im tiefsten Hintergrunde dieser weltlichen Katakomben stießen unternehmungslustige Wanderer auf des Ministers Flaschenkeller, der nur durch Lattenverschläge gedeckt war. Die Bedenken saßen noch lockerer als die Nägel, die gelöst werden mußten, um einige der Holzleisten zu entfernen.

„Wer weiß, ob wir morgen noch leben", erwog jedermann, „wer weiß, ob morgen noch die Stadt steht?!" Und trostreich gingen die Flaschen um die Wette durch der Hände lange Kette, wie in Schillers Glocke der Feuereimer.

In die leichtherzige Entsagung auf Ruhm und Sieg drangen freilich auch die Klagen der Vaterlandsfreunde und mischten sich die Traumbilder ihrer Hoffnungen. Bald zitterte man vor einer vielleicht schon nahe bevorstehenden Kapitulation, bald jubelte man voller Kühnheit über die Möglichkeit von Entsatz und Befreiung.

Die obersten Militärbehörden der Stadt wollte man nicht loben. Es war vom Widerstand der Bürger gegen eine feige Übergabe der Festung die Rede. Jüngere Männer verschworen sich und stiegen von Zeit zu Zeit hinauf in die Welt, von der sie dann die widersprechendsten Gerüchte mitbrachten.

Einige Frauen waren gut französisch gesonnen – einige der älteren Männer begeisterten sich für Napoleon. Das führte zu politischen Zänkereien, die mir bald lästig wurden. Ich machte Besuche in der Umgebung, wo ich in Kürze überall Freundschaft schloß.

In einigen dämmerigen Winkeln hatten sich hübsche Frauen und Mädchen niedergelassen, die regelmäßig ihre jungen Freunde bei sich empfingen. Die allgemeine Erregung, in der man sich befand, ließ wenig Hemmungen aufkommen, und im Austausch zärtlicher Gefälligkeiten wurde eines kleinen Knaben wenig geachtet. So sah ich denn beim schwachen Schimmer der Laterne mancherlei, was ich wohl besser nicht gesehen haben sollte.

Als ich, in unserem Lager wieder angelangt, in munteren Gesprächen meine gesammelten Erfahrungen ausbreitete, beschloß man, mich nicht mehr in eine solche zweifelhafte Gesellschaft gehen zu lassen. Das reizte jedoch meine Neugier nur um so mehr. Da es aber in der Tat nichts weiter war, als eben eine Neugier, wie sie Knaben häufig einer für sie ungewöhnlichen Sache entgegenbringen, ohne zugleich notwendig ein tieferes Verständnis dafür zu entwickeln oder auch nur zu erstreben, kehrte ich von weiteren, nunmehr heimlichen Besuchen, zu denen ich mich getrieben fühlte, genau so unerfahren zurück, wie ich ausgegangen war.

Wie alles auf Erden einmal ein Ende hat, währte auch die Belagerung nur eine bemessene Zeit. Am 7. Januar 1807 wurden Stadt und Festung den Feinden übergeben. Böse Zungen wollten behaupten, Breslau hätte noch länger Trotz bieten können, wenn man es drinnen so ernst gemeint haben würde wie draußen. Aber davon begriff ein achtjähriger Junge noch nichts. Es genügte ihm durchaus, daß die Kapitulation alle Feindseligkeiten beendete und man wieder in die schöne helle Wohnung ziehen konnte, die so unbeschädigt vorgefunden wurde, als hätte sich überhaupt nichts ereignet.

Kindheitserinnerung an 1813

Wolfgang Menzel

Im Sommer des Jahres 1812 befand ich mich in der Nähe des Waldes, als es wie eine innere Erleuchtung über mich kam und ich stehen blieb, nicht wissend, wie mir geschah. Von diesem Augenblick an aber war mir klar, daß ich aus der Enge meines bisherigen Horizontes herauskommen und mir eine Weltkenntnis im weitesten Sinne zu erwerben suchen werde. Mein vorahnender Blick schweifte nicht in die Höhe, nicht in die Tiefe, nur in die Weite. Für Höhe und Tiefe erwachte erst später in mir der Sinn.

In diesem Jahr zog die große Armee Napoleons nach Rußland, und Preußen, obgleich damals im unheilvollen Bunde mit Frankreich, mußte nun ungeheure Opfer für ihn bringen. Zu dem harten Steuerdruck, zum Auftreiben der Contribution kamen nun noch Lieferungen und Zufuhren für die große Armee nach Polen. Aber man duldete alles und schwieg, weil man nicht anders konnte. Die Luft lag schwer wie Blei auf dem armen Lande. So nahte der Herbst heran und bis in den Winter meldeten die Zeitungen nur französische Siegesnachrichten aus Rußland.

In einer der kältesten Winternächte um zehn Uhr, als wir schon schlafen gehen wollten, sprengte ein Reiter auf den Hof, stieg ab, ließ das Pferd laufen und stürzte zu uns herein. Es war Herr von Rosenschanz, der uns die erste Nachricht vom großen Unglück Napoleons in Rußland und vom kläglichen Rückzug der Franzosen brachte. Da jauchzte alles bei uns. Wir eilten, den Pfarrer, den Schulzen und Schulmeister aus ihren Betten zu jagen und sie zu uns zu holen, um die Freudenbotschaft mit anzuhören. Es war eine grimmige kalte Nacht und ein Nebenmond schimmerte bleich aus dem Eisnebel. Meine Mutter hatte schon Punsch angerichtet, als wir den Pfarrer brachten. Die Lust war grenzenlos, um so mehr, da sie uns so plötzlich überraschte, denn niemand hatte vorher geahnt, was in Rußland vorging. Der erste Gedanke aller war: Erhebung gegen Frankreich und Abschüttlung des verhaßten Joches.

Bald kamen neue Nachrichten und alle bestätigten den Rückzug und das schreckliche Ende der „großen Armee". Viele unter uns hätten am liebsten gesehen, der König von Preußen und Östreich hätten Napoleon sogleich den Krieg erklärt und ihn durch ein allgemeines Volksaufgebot abgefangen, ehe er Frankreich wieder erreichen konnte. Daß er selbst etwas dergleichen gefürchtet hat, beweist die Eile, mit der er seiner halbvernichteten

Armee voraus floh. Indessen war der König von Preußen in Potsdam ohne eigene Truppen und von französischen Truppen überwacht. Die besonnenen und älteren Männer auch bei uns rieten zur Mäßigung, und man zweifelte kaum, daß das von York gegebene Beispiel allgemein unter Zustimmung des Königs, so bald dieser erst frei wäre, nachgeahmt werden würde. Unter den Bauern war die Aufregung und die Kriegslust noch größer als unter den Herrn. Täglich versammelten sich die Bauern vor unserm Hause und ich las ihnen von der Vortreppe desselben herab die neuesten Nachrichten aus der Breslauer Zeitung vor.

Im Februar war ich so glücklich, selbst nach Breslau zu kommen, wo alles schon wie ein Bienenstock schwärmte. Denn schon war die Landwehr und waren die freiwilligen Jäger aufgerufen worden, und strömten jubelnd zu ihren neuen Fahnen. Einen schauderhaften Contrast gegen diese freudige und blühende Jugend bildeten ungefähr zweitausend Franzosen, die sich halb erfroren aus Rußland bis hierher geschleppt hatten. Trotz des Franzosenhasses wurden sie von den Bürgern mitleidig gepflegt. Es waren Bilder des menschlichen Elends, wie man sie nicht zum zweitenmal wieder sieht, verhungerte, abgezehrte Gestalten, die kaum noch fortschleichen konnten und in deren Gesichtern die grellsten Farben wechselten, von der weißen Leichenfarbe durch gelb, rot, grün und blau, bis zur schwarzen Brandfarbe.

Blücher wurde die Seele der ganzen Waffenbewegung in Schlesien. Auch unser Dorf entleerte sich beinahe von aller waffenfähigen Mannschaft. Selbst Verheiratete gingen mit, und bald füllten sich die preußischen Lager mit begeisterten Kämpfern. Da war niemand, dem das Herz nicht höher geschlagen hätte. Ja die Physiognomien schienen sich veredelt zu haben. Leute, die sonst für geizig galten, gaben ihren letzten Schmuck, ihr bestes Gerät her, um die Landwehr ausrüsten zu helfen. Dabei dachte man eigentlich an nichts anderes, als an Rache. Man wollte einfach die Franzosen totschlagen. Ich erinnere mich noch sehr wohl, daß wenigstens in meinen Umgebungen keine besondere Begeisterung für den König und noch weniger für die Proklamation von Kalisch rege war. Die frühere Politik des Königs und die vielen Versäumnisse, welche das Unglück von Jena herbeigeführt hatten, waren keineswegs vergessen. Der König war nicht beliebt. Erst nach den großen Siegen vergaß man mehr die ältere schlimme Zeit. Jedermann war überzeugt, daß das eigenmächtige Vorgehen Yorks und der ostpreußischen Stände notwendig gewesen sei, um einen moralischen Druck auf den Herrn v. Hardenberg auszuüben.

Wie wenig das sonst gewöhnliche Überlegen und Urteilen und

selbst die Ergebnisse über eine einmal gesteigerte Volksstimmung vermögen und wie wenig sie im Stande sind, die starke Strömung des Volksgefühls aus der einmal angenommenen Richtung zu bringen, bewiesen die Unglücksfälle der Alliierten. Obgleich die Preußen und Russen geschlagen wurden, obgleich Östreich neutral blieb, obgleich der Rheinbund fest zu Napoleon stand und dieser mit gewaltiger Übermacht wieder bis ins Herz von Schlesien, bis dicht in unsere Nähe vordrang, fiel es doch niemand ein zu verzagen. Im Gegenteil, man stand um so fester und trotzte um so verwegener. Es fiel gar niemand mehr ein, daran zu zweifeln, daß wir der Franzosen Meister werden würden, nachdem wir es einmal wollten.

Das Kastenmännchen

Karl Fischer

Zuweilen bekam ich auch ein paar Pfennige Geld geschenkt, entweder von Verwandten oder manchmal, wenn ich etwas wegtragen mußte; außerdem bekam ich für jeden Taler, den ich aus meinem Brezelkorbe löste, zwei Groschen Lohn. Von alledem durfte ich nie etwas behalten, dafür hatte ich eine tönerne Sparbüchse, die kostete vier Pfennig, die hatte mir mein Vater einmal zum Jahrmarkte gekauft, die hatte seitwärts einen ziemlichen Spalt und da steckte mein Vater jedesmal alles solches Geld hinein, meist immer Kupfer, und dann stellte er sie wieder in den Schrank, in das oberste Fach. Von dem Gelde bekam ich aber dann nie wieder etwas zu sehen. Manchmal war die Büchse schon recht schwer, daß sie bald voll war, aber dann war sie mit einem Male wieder leer; da hatte sich mein Vater das Geld heimlich wieder heraus geholt, wenn er in Verlegenheit war, und so ging das stets. Und so auch an dem Pfingsttage, wo mir der Geistliche das Kastenmännchen gegeben hatte; als ich nach Hause kam, gab ich's meinem Vater, der steckte es in die Sparbüchse und dann stellte er sie wieder hinauf.

Aber ein paar Tage vor Pfingsten hatten mir vier oder fünf Stück von meinen besten Schulkameraden erzählt, daß sie am ersten Feiertag nachmittags ein Uhr nach dem Oderwald gingen. Dahin ging der Kantor mit seiner ganzen Schule alle Jahr einmal spazieren. Da lag ein Vorwerk, da bekamen wir Semmelmilch zu essen, und außerdem konnte man sich auch für drei oder sechs Pfennige Milch kaufen zum Trinken. Das war ein schlimmes Stück für mich, denn alle Augenblicke nötigte mich nun einer, ich sollte mitgehen. Das wollte ich gar herzlich gerne tun, aber ich getraute mich nicht, und sagte nicht ja und nicht nein, denn ich war schon dreizehn Jahr alt und hatte mit solchen Sachen schon allerlei erlebt. Die andern Jungens konnten da freilich leicht hingehen, die hatten da alle ihren Willen oder Erlaubnis, und alle hatten mir erzählt, daß sie von ihrem Vater oder Mutter drei oder sechs Pfennige bekämen, aber an Erlaubnis brauchte ich nicht zu denken, da riskierte ich gleich ein paar Backpfeifen, weil ich mir so etwas einfallen ließ. Aber als am Sonnabend wieder so wunderschönes Wetter war, da stellte ich mir vor, was ich hätte, wenn ich morgen nachmittag zu Hause wäre. Das wußte ich ganz genau.

Da mußte ich bald nach Tische, so um zwei Uhr etwa, nachdem mein Vater seinen Spaziergang im Garten gemacht hatte, meine

Bibel holen, und mich an den Tisch setzen, und dann setzte er sich neben mich, mit dem Stocke in der Hand, und da mußte ich ihm, je nachdem, ein bis drei Stunden lang was vorlesen, und das konnte morgen sicherlich besonders lange dauern, und etwas Schläge kriegte ich da jedesmal dabei. Denn er paßte immer dabei auf, ob ich auch gut las, und ob ich auch die Punkte und Kommas, die Kolons und Ruf- und Fragezeichen richtig dabei beachten und betonen täte, oder ob ich etwa in Gedanken einmal hängen blieb, oder falsch las, aber etwas passierte mir immer dabei. Denn das ging reihum; wenn ich krank war, da las mir mein Vater aus der Bibel vor, aber wenn ich gesund war, da mußte ich ihm daraus vorlesen. So gern, wie ich habe in der Bibel gelesen, aber meinem Vater las ich sie nicht gerne vor. Na und wenn das Bibellesen vorbei war, dann hätte ich können um Erlaubnis fragen, ob ich vor die Tür gehen durfte, die hätte ich an solchen Tagen wohl bekommen, aber da hatte mein Vater einmal für allemal ausgemacht, daß ich mich nicht weiter von der Tür entfernen durfte, als er mich jederzeit vom Fenster aus sehen und rufen konnte, und darauf gab er ganz schmählich acht.

Aber vor die Tür gehn, das konnte mir morgen auch nichts helfen, denn die Jungen waren ja dann im Walde, und ich wäre allein gewesen; und mit dem Brezelkorbe brauchte ich am ersten Feiertage nicht zu gehn. So hatte ich alles gut bedacht, bloß das Ende hatte ich mir nicht lebhaft, sondern ganz ungewiß vorgestellt, und als mich die andern wieder fragten, da sagte ich zu. Da sagte einer zu mir: Und angeln wollen wir auch, ich habe eine Angelschnur, die nehme ich mit, aber es ist kein Haken dran, hast du nicht einen Angelhaken? Da fiel mir ein, daß ich auch noch eine Angelschnur hatte, aber da war auch kein Haken mehr dran, die wollte ich denn auch mitnehmen, aber mit Angelhaken wußte keiner Rat. Aber ich wußte wohl, daß man für einen Pfennig zwei Angelhaken kaufen konnte, aber wo wollte man den hernehmen. Da dachte ich an meine Sparbüchse, da hatte ich mir schon einmal zum Jahrmarkt ein Vierpfennigstück herausgehäkelt, und da traf ich auf dem Jahrmarkt einen andern Jungen, der hatte auch gerade vier Pfennige, wie ich, da haben wir das Geld zusammengetan und haben uns dafür bei der Heringsfrau einen Hering gekauft, den haben wir uns so ehrlich geteilt, wie es ohne Messer möglich war, und haben einer ums andere immer ein Stück abgebissen.

Damals war das gut abgelaufen, und so dachte ich wieder an meine Sparbüchse und wollte da wieder vier Pfennig raus haben, das hätte gerade gereicht, nämlich für einen Pfennig Angelhaken, und für drei Pfennig Milch. Aber als mein Vater mittags das Kastenmännchen hineinsteckte, da hatte ich noch keine Gelegenheit gehabt, dabeizukommen. Aber nach Tische, als wir gegessen hatten, wartete ich ab, bis die Stube einen Augenblick leer war, da rückte ich schnell einen Stuhl an den Spind, langte die Büchse herunter, sie war ziemlich schwer, gewiß halb voll, stellte mich an den Tisch und häkelte mit einem Messer in die Sparbüchse rein, und da kommt auch sogleich das schöne Kastenmännchen herausgeflogen, was mein Vater erst vor einer Stunde reingetan hatte, zugleich ging die Hoftür, und ich hörte meinen Vater kommen, ich hatte mich schmählich erschrocken, als dies Geldstück herausfiel, und wollte es wieder hineinstecken, aber erst, wenn ich etwas Kupfer heraus hätte, aber dazu war's nun zu spät, da war kein Besinnen, schnell stellte ich die Büchse an ihren Platz und bekam auch noch glücklich den Stuhl weg vom Spind, und nun hatte ich mit schwerem Herzen das Zweigutegroschenstück in der Hand und auf dem Halse.

Es war nun auch Zeit, daß ich mich wegmachte. Das ging leicht, zwar ging mein Vater Sonntags nachmittags selten schlafen, da legte er sich meist bloß ein Stündchen in Kleidern nieder zum Ruhen, gleich nach dem Essen, und als ich das gemerkt hatte, da war meine Mutter am Aufwaschen, und da verschwand ich. Aber Angelhaken wollte ich auch haben, da half das auch nicht, da mußte ich das Geldstück wechseln lassen und nahm gleich für drei Pfennige, damit wir Vorrat hatten. Danach trafen wir uns alle und sind fröhlich nach dem Oderwalde gegangen, wo sich jeder sogleich für seine mitgebrachten Pfennige Milch geben ließ, bloß ich nicht, ich ging derweil voraus nach der Oder, und suchte mir einen Stock und machte mir meine Angel fertig, und dann kamen die andern auch ran. Aber je länger es währte, je weniger froh war ich, dieses heillose Kastenmännchen fing an, mich ganz unruhig zu machen.

Die Sonne stand schon tief, als wir nach dem Vorwerk kamen, und da sprachen sie alle von Hunger und Durst, und einer fragte den andern, ob er kein Geld mehr hätte, aber keiner hatte welches, als wie ich, und als die andern das hörten, da wollten sie es sehen; da suchte ich es hervor und zeigte es ihnen; es war noch so viel, als ich beim Kaufmann herausbekommen hatte, nämlich zwei Groschen und ein Dreipfennigstück. Da drängten sie mich alle, daß ich Milch dafür kaufen sollte, und sagten einstimmig: Für zwei Groschen, da hätten wir Milch genug, und den Dreier sollte ich nur behalten; da erbot sich einer, der wollte die Milch bestellen, dem gab ich die zwei Groschen. Da dauerte es nicht lange, da bekamen wir alle satt Milch und danach machten wir uns auf den Heimweg, aber ich habe nicht mit getrunken. Aber so betrübt war ich noch nie nach Hause gegangen, ich war ganz melancholisch geworden, bloß wegen diesem Geldstück; wenn statt dessen wären vier Pfennige aus meiner Sparbüchse gefallen, wie ich's haben wollte, dann hätte ich alles verantwortet, deswegen hätte ich mich immer noch getraut, in den Himmel zu kommen, aber das verfluchte Kastenmännchen, das konnte ich nicht verantworten.

Unter solchen Gedanken ging ich schweigend neben meinem besten Freunde her, denn wir waren Nachbarn, und seine Eltern besaßen den Gasthof neben uns, wo mein Vater jeden Abend hinging. Da sagte ich zu ihm: „Emil, willst du den Dreier haben, den ich noch hab'? Er sah mich eine Zeitlang groß an, als ich aber so ernsthaft blieb, sagte er: Wenn du ihn nicht behalten willst, dann gib ihn nur her; ich sagte: Nein, ich kann ihn nicht gebrauchen, und da gab ich ihm den Dreier, und war etwas ruhiger. Als wir nach Hause kamen, war es schon ganz dunkel, und ich schlich still ins Bett. Aber mein Vater war, wie gewöhnlich, an diesem Abend auch im Wirtshause, und Emil hatte seiner Mutter alles wieder erzählt, und ihr auch den Dreier gezeigt, den ich ihm gegeben hatte, und auf diese Weise erfuhr mein Vater noch am nämlichen Abend genau, was alles passiert war. Aber ich wußte da nichts davon; Emil aber hat den Dreier wieder rausgeben müssen.

Nachdem ich nun den ersten Pfingstfeiertag beschrieben habe, so gut, wie ich konnte, habe ich nur wenig Lust dazu, auch noch den zweiten Feiertag zu beschreiben, sondern ich wollte denselben lieber für mich behalten. Aber ich wollte nur dazu bemerken, daß ich am andern Morgen nicht bin in die Kirche gekommen, sondern daß mein Vater da Hausandacht mit mir abgehalten hat; aber meinem Vater seine Predigt hat länger gedauert, als dem Pastor seine, wiewohl sie beide das nämliche Evangelium vorgehabt haben. Denn ich hörte so beiläufig gegen Abend, daß meine Mutter meinen Großvater fragte: Vater, der Pastor eiferte ja heute morgen so in der Kirche, daß ich es in der Haustür hören konnte, wovon predigte er denn? Da sagte der Großvater: Davon, wo Johannes über die Liebe spricht. Dahingegen eiferte mein Vater mit allem Ernst, dessen er fähig war, um bei mir den Geist der Wahrheit ans Licht zu bringen.

Aber wie wohl, als mich mein Vater hinter in die Backstube rief, meine leere Sparbüchse schon auf dem Tische stand und das Geld alles ausgebreitet daneben lag: so hat er doch nur wenig Glück damit gehabt und hat nicht einmal erfahren, wie das eigentlich gekommen war, daß ich gerade das Zweigutegroschenstück genommen hatte, denn so genau hatte ich das den Jungen auch nicht erzählt, und ich sagte nicht mehr, als er mich abfragte, denn das hätte die Sache nur verzögert, und mir lag alles daran, daß das nicht so schrecklich lange dauerte, denn es war ja doch alles ein Gottvergelten, das wußte ich besser. Solche Pfingsten, nee, nee, nee, solche Pfingsten. Alle Jungen freuten sich darauf, teils wegen der Freiheit, denn die Schule war die Feiertage über geschlossen, und Schulaufgaben gab's nicht wegen der paar Tage, teils wegen der Kost. Aber mir graute schon längst vor allen Feiertagen.

Unser Gasthof zur preußischen Krone

Gerhart Hauptmann

Der Gasthof hatte im Winter etwas Vergeistertes. Das Leben seiner sommerlichen Daseinsform durchspensterte seine winterliche. Die Korridore, die einzelnen Logierzimmer, die Säle, die Küche, die Waschküche waren von den Schatten der Gestalten belebt, die im Sommer darin gehaust hatten. Manchmal, etwa wenn nächtlicher Novembersturm das Haus umbrauste, stand ich plötzlich wie angewurzelt in einem der ausgestorbenen finsteren Flure still, weil, wie in einem hellen Blitz, das Sommerleben des Hauses auflärmte: Wagengerumpel, Eimergeklirr, Kinder- und Kutschergeschrei im Hof, in den Sälen Tellergeklapper und dumpfes Gesumm, Menschengewimmel auf der Straße, polnische Juden mit Pajes und Rockelore, Lärm, Lärm und wieder Lärm! Alles nur einen Augenblick: dann heulte Finsternis um die Mauern.

Wie furchtsame Schafe drängten wir Kinder uns zusammen: wir hatten etwa in Numero Neun ein fürchterliches Husten gehört. Es war das Logierzimmer, in dem ein Lungenkranker vor Jahren gestorben war. Oder von irgendeiner leeren Stube aus wurde nachts die Schelle gezogen: Furcht und Grausen schüttelte uns. Solche Vorfälle wurden meist nicht aufgeklärt.

Mein Vater liebte Nachtlichte. Ein solches kleines knisterndes Lichtwesen, das in einer Ölschicht auf einem Glas Wasser schwamm, hatte die trostlose Aufgabe, den Weg durch den eisigen Kleinen Saal zur Privatküche sichtbar zu machen. Gerhart, geh doch mal! Gerhart, hol doch mal! hieß es in den behaglich durchheizten Wohnzimmern. Dann mußte ich wohl oder übel in den Bereich des Nachtlichts hinaus, der hohen Fenster, erblindet durch Eisblumen, des Saals mit den frierenden Rembrandtbildern an der Wand, mußte mir Mut machen, mußte hindurchjagen, mußte durch die leere Hotelküche, die nach rostigem Eisen roch und wo der Wind Häufchen Schnee auf den kalten Herdplatten jagte, drehte und wirbelte.

Aber wir wären nicht Kinder gewesen, wenn nicht der Kobold in uns auch dieser Drangsal eine lustige Seite abgewonnen hätte. Meine Schwester Johanna ging uns hierin voran. Es handelte sich um das von Kindern so gern geübte Erschrecken. Einer von uns überwand seine Furcht und versteckte sich in der Finsternis. Kam der Beauftragte dann in Sicht, etwa langsam oder furchtsam vorschreitend, so schlug der Versteckte wohl mit einem Stock auf ein

Möbelstück, was der Furchtsame mit einem Schrei und Flucht beantwortete. Oder der Beauftragte flog wie gehetzt von Eingangstür zu Ausgangstür, und diese wurde von außen zugehalten. Er rannte zurück, fand, daß auch die Eingangstür verriegelt war, und sah sich den grinsenden Bilddämonen an der Wand und allen möglichen Ängsten preisgegeben.

Fast möchte ich es als Glück meiner Jugend bezeichnen, daß sich unser Dasein nur im Winter zu einem echten Familienleben einengte: im Sommer trat an seine Stelle für mich eine überaus glänzende Vielfalt immerwährender Festlichkeit.

In der zweiten Hälfte des Monats April zogen Hausdiener und Zimmermädchen auf. Das große Reinemachen begann. Die hohen Glastüren des Großen Saals, durch die man eine Terrasse betrat, wurden weit aufgesperrt, desgleichen die Fenster des Kleinen Saals und aller Logierzimmer. Man trug die Matratzen an regenfreien Tagen vor das Haus, wo alsbald Schleußerinnen und Hausknechte unter lauten Späßen und Gelächter die Ausklopfer schwangen. Der ganze Ort widerhallte davon. Es wurden dabei manche Namen gerufen von Leuten, die nicht durchaus beliebt waren, wodurch die Schläge schneller und kräftiger niederknallten.

Des Ungeziefers wegen wurden inzwischen die Fugen der Bettstellen mit Petroleum abgepinselt. In den Fenstern standen die Mädchen halsbrecherisch, wuschen die Scheiben und rieben sie trocken. Oder der Schrubber herrschte, und die Dielen schwammen in schmutzigem Wasser. Überall roch es nach Seife und nassen Hadern, und die milden Lüfte des Frühlings drangen ins innerste Innere des Hauses ein.

Ich empfand dies alles als etwas Beglückendes, wälzte mich auf den Matratzen herum oder berauschte mich zwischen den allerlei Polstermöbeln, die man ebenfalls, um sie auszuklopfen, in den vorderen Ziergarten gebracht hatte. Der Reiz des Ungewöhnlichen, Sessel und Sofas zwischen Gartenbeeten zu finden, versetzte mich in Begeisterung.

Eines Tages hatte dann der Gasthof Zur Preußischen Krone zu seiner eigentlichen Bestimmung zurückgefunden. Die Lungen seiner Fenster bewirkten gesundes Ein- und Ausatmen. Durch seine hellen, wiederum sehenden Augen ergoß sich Licht und spülte aus allen Winkeln die Finsternis. Die Zimmer glänzten vor Wohnlichkeit. Die Kerzen in den silbernen Leuchtern trugen frische Manschetten. Von Kellnern wurden Gläser geputzt. Frau Riedl, genannt die Mamsell, war eingetroffen. Sie hatte hinter einem Büfett vor der Küche ihren Stand, um, wenn es so weit war, die Speisen von dort den Kellnern weiterzureichen. Die Küche, in die nun der Koch eingezogen war, erschien heiter, hell und gar nicht mehr fürchterlich. Lorbeer, Palme, Zypresse und Feigenbaum, alles in Kübeln, schmückten die Außenwand und so die Terrasse vor dem Großen Saal. Die Vögel lärmten in den Anlagen. Einige gedeckte Tische waren im Garten aufgestellt.

Krause wusch seinen Omnibus, während um ihn die Schwalben schrillten, die in den Ställen und Unterm Saal zu Neste trugen. Sandberg stand vor der offenen Ladentür und weidete sich an seinem Schaufenster, in dem er die Schnittwaren neu geordnet hatte. Im Eingangsraum des Gasthofes hatte ein Bijouteriehändler seine Auslage.

So war die Krone aus ihrem Winterschlaf erwacht, hatte ihre Wiedergeburt, ja ihre Auferstehung gefeiert, sich gewaschen, geputzt und Festkleider angelegt. Und nun mußten die Kurgäste kommen, die den Vorteil von alledem haben und bringen sollten. Denn die alte Krone war nicht nur eine Glucke, die winters ihre Flügel über uns hielt, sondern sie legte auch goldene Eier.

Eine Persönlichkeit, die immer wieder besonderen Eindruck machte, war der jeweilige Koch. Man nannte ihn allgemein den Chef. Ein solcher Chef nahm mich, solange ich klein genug dazu war, sooft er konnte, auf den Arm, und ein Name, den er mir gab, Pflaumenfritze, ist mir in Erinnerung. Er trug mich nämlich jedesmal in die Speisekammer und ließ mich in einen Sack gedörrter Pflaumen hineinlangen.

Ein anderer Koch, ein junger Mensch, der mich ebenfalls auf den Arm genommen hatte, ist mir erinnerlich und ein niedlicher Vorgang, der die ganze Küche erheiterte: der lustige Chef nahm mit den Fingern frisch gekochte Spargel von einer Platte, tauchte die Spitzen in Butter und ließ sie mich abbeißen, der übriggebliebene Stengel flog zum offenen Fenster hinaus.

Frau Milo hieß eine Kochköchin, die neben dem Chef wirkte. Auch sie nahm mich eines Tages, etwa dreijährig mochte ich gewesen sein, auf den Arm. Da fiel mir auf, daß irgend etwas an ihr befremdlich hervorragte. Ich hatte den Begriff einer weiblichen Brust noch nicht, so klopfte ich mit der Hand auf den unbegreiflichen Gegenstand und stellte die Frage, was das wäre, worauf die ganze Küche vor Lachen fast außer sich geriet und Frau Milo dunkelrot im Gesicht wurde.

Vom Arme irgend jemandes aus sah ich zum erstenmal die wohlgeordnete Speisekammer vom Dachrödenshof. Das war ein benachbartes Haus, das mein Großvater Straehler, der Brunneninspektor, gebaut hatte und in dem er mit zwei unverheirateten Töchtern wohnte.

Das Interesse der Köche und ähnlicher kinderlieber Menschen setzte aus, als ich älter geworden war und zur Schule ging. Es wäre mir auch nur lästig gewesen.

Ein Wildling, wie ich, fürchtete Zwang von allen Erwachsenen. Wo ich nur konnte, mied ich sie. Die bloße Berührung durch einen von ihnen war mir unleidlich.

Der Bockfahrer

Georg Langer

Im Grunde meiner Goldenen Schüssel lag als eine artige kleine Bodenverzierung der Ort meiner Jugend, damals ein stiller Platz, der seine geringe Belebung aus den Trommeln exerzierender Soldaten, aus gelegentlichen Böllerschüssen von der Bergfestung und aus der Durchfahrt schwer bepackter Badekutschen bezog. Die große Straße nach Prag, die da vorbeilief, war durch die Dresden—Prag—Wiener- und durch die Oberschlesische Eisenbahn umgangen, sonst nur gering befahren. Man liebte und suchte die wilden Tschechen im Böhmerland nicht, hatte von ihnen, da sie noch Hussiten hießen, genug Leides erfahren und seines tapferen Landesherrn, Grafen und Herzogs Tod am Roten Berge noch nicht vergessen.

Daß ich es nur sage: Die Goldene Schüssel war wirklich gräflich. Aus alter böhmischer Zeit her nannte sich das Ländchen Grafschaft und hatte, ehe es in Schlesien aufging, viel gräfliche Herren gesehen, gute und schlechte, kriegerische und fromme, wie es so kommt. Und der Ort hieß Glatz, wonach sie die Grafschaft ohne Bezug auf ein ritterliches Geschlecht benannte.

Wir stiegen am letzten Maitage 1874 an der Pforte des Landes aus der Bahn. Weiter ging's damals noch nicht. Die Ingenieure hatten bei der Fortsetzung des Bahnbaues mächtig mit den Bergen zu kämpfen. Da war der ewig rutschende Eichberg, der die Tunnelbohrung wie die offenen Geleise verschüttete; da waren die vielen Steilabfälle zu der tief eingeschnittenen Neiße und die Überquerung so vieler frisch rauschender Gebirgswässer.

Jemand im Abteil hatte schon von Kamenz her von diesen Schwierigkeiten erzählt. Ich hörte eifrig zu und konnte doch zugleich den Blick nicht von den Fenstern wenden, durch die ich die blauenden Berge immer deutlicher werden und auf uns zukommen sah. Ha diese Berge! Warum ließen sie es sich denn nicht gefallen, daß man einfach ein Loch durch sie stieß und durchfuhr? So ein Berg ist doch aus Stein. Wie kann denn so was, wenn man bloß ein kleines Loch, wie es ein Eisenbahnzug braucht, hineinmacht, ins Rutschen kommen? Jetzt sagte derselbe Mann, der bisher den Erzähler gemacht, die Bahn werde nie über Wartha hinauskommen, die Berge wollten das eben nicht, basta, und das sei so sicher, wie er seine Nase im Gesicht habe. Der Vater schüttelte den Kopf, sagte aber nichts. Ich sah mir erst die Nase des fremden Mannes und dann meinen Vater an. Eine mir gegenüber sitzende

Bauersfrau lachte hell auf. „Nu, Herr Nachbar", sagte sie zu dem Sprecher, „da halten Sie nur Ihre Nase fest, der Junge da sieht sie schon wegfliegen." Das ganze Abteil lachte noch, als wir schon in Wartha am Aussteigen waren. Brennend gern hätte ich nun gleich gewußt, warum der Vater mit dem Kopfe geschüttelt hatte. Noch lieber wäre ich gleich hin zu dem rutschenden Eichberg gegangen und hätte gesehen, wie das ist, wenn ein ganzer Berg ins Rutschen kommt. Der Vater hatte aber nun mal grad keine Zeit für seinen Jungen. Schon stand er vor dem Bahnhof und verhandelte mit einem Fuhrmann, der mit seiner Karre uns allesamt mit unserem unendlichen Krimskrams, Bruder Theodors Windbüchse, Schwester Lisbeths zweieinhalb Puppen und meine Zinnsoldatenschachtel mit braunen Husaren eingeschlossen, nach Glatz verfrachten sollte. Wir Kinder setzten uns schon immer in den Wagen und staunten, wie auf den Mund geschlagen, um uns herum. Die Männer waren aber immer noch nicht handelseins. Es ging um Silbergroschen. Der Vater mußte doch eigentlich sehr arm sein, daß er so feilschen mußte.

Da mischte sich ein junger Mensch mit einem Ranzen auf dem Rücken in das Gespräch der Männer, gab seinen altklugen Senf an die Redetunke der Feilschenden und sprach über die Preise, als wäre er bestellte Aufsichtsperson einer ordentlichen Spedition im Lande, bis sich erkennen ließ, er wolle mit von der Partie sein, sei es auch nur als Bockfahrer. Der in solchen Geschäften gewiß nicht sehr erfahrene, zudem jedem, der ein großes Mundwerk hatte, leicht unterlegene Vater willigte, als der junge Mann eine seinen Anteil am Fuhrenpreise sogar übersteigende Summe auf sich zu nehmen versprach, und als sich der Fuhrmann schließlich zu einem mäßigen Gesamtpreise verstand, gern ein und freute sich noch der Ersparnis, zumal der freundliche junge Mann so entgegenkommend war, ein beschwerliches Gepäckstück, den Futterbeutel für die Familienernährung, neben seinem nicht sehr bequemen luftigen Beisitz zu dulden.

Los ging's, nur eben nicht sehr weit, denn als wir von dem abgelegenen Bahnhof ins Städtchen Wartha kamen und die mächtige Kirche mit den zwei Türmen vor uns lag, ließ der Vater halten. Es ginge doch nicht, sagte er, daß wir hier in diesem schönen Gnadenorte so einfach durchführen, auch wenn wir später noch öfter herkämen. Zu einer kurzen Andacht werde wohl grad noch Zeit sein. Wir stiegen sogleich mit Freuden aus, nur der Bockfahrer war unzufrieden und murrte, so hätte er nicht gewettet, Zeit genug sei schon vertan, und außerdem machten vernünftige Christenmenschen, wie er, ihre kirchlichen Pflichten in der Frühe ab.

Das Ende seiner Reden hörten wir nicht, denn wir waren inzwischen schon ins Gotteshaus eingetreten und knieten im Halbkreise nahe dem wundertätigen Gnadenbilde. Die Mutter legte uns drei Kindern die Hände zusammen, sagte uns, was wir beten sollten, und drückte uns fest an sich. Ich fühlte, daß ein Schüttern wie von Tränen durch ihren Leib ging und wunderte mich mit meinen sieben Jahren. Es war doch eigentlich alles bisher recht hübsch und vergnüglich zugegangen, und selbst Lisbeth, der die Tränen so locker saßen, hatte nicht einmal geweint.

Als wir wieder hinaustraten, war der Bockfahrer nicht beim Wagen. Aber nein, da trat er ja eben aus dem runden Tor des „Gelben Löwen" und wischte sich das Fliegenbärtchen. Dann kam er aber auch noch nicht etwa zum Wagen herüber, sondern wandte sich einer der vielen Marktbuden zu, in denen tausenderlei Dinge feilgehalten wurden. In ein großes Braunes, das er in der Hand trug, kräftig hineinbeißend und grelle Augen um sich werfend, wandte er sich gemächlich unserem Wagen zu. Also war's doch eigentlich nicht so furchtbar eilig gewesen. „Die berühmten Warthaer Bauerbissen", sagte er und machte das Maul groß auf, wenn er zubiß, um zu zeigen, wie groß hierzulande so ein Bauernmaul sei. Unsere Augen hingen an dem Bockfahrer. Wenn wir doch … wenn wir doch … auch mal solch einen prächtigen Bauerbissen … Der Bockfahrer schwang sich, den Mund voll, auf; die Pferde zogen an. Hü! ging's mit Gerassel über das Katzenkopfpflaster. Wir sahen von hinten, wie sich die Nackenmuskeln des Bockfahrers von dem schweren Essen aufwulsteten und wie sich sein Körper vor Wonne nach vorn bog. Wenn wir doch … auch mal … Jetzt, da der Wagen auf der Landstraße sanfter dahinrollte, drehte er sich um und sagte: „Seht, Kinder, so macht man das mit den Bauerbissen." Da tat er das Maul schier noch einmal so weit auf wie bisher, und der letzte Bissen verschwand. Dazu schnitt er solche Grimassen, daß wir über dem Lachen die Sehnsucht nach den Bauerbissen ganz vergaßen.

Jetzt wurde es erst recht heiter. Der junge Mensch war der erfahrene Reisende. Er kannte jeden Berg und jedes Rinnsal mit Namen, wußte die Güter und ihre Besitzer anzugeben, besser noch die Güte der Gasthäuser einzuschätzen und drehte sich auf seinem lustigen Sitz wie ein Eichhörnchen, um seinen allzu munteren Augen eigene Spazierfahrt in die Landschaft, so oft als möglich aber auch seine Erklärungen herunter in den dicht besetzten Wagengrund zu geben. Als Lieschens halbe Puppe einmal aus Versehen aus der Kutsche und sogleich den Abhang hinunterkollerte, sprang er fahrenden Wagens herunter und wußte die Puppentrümmer, die trotz ihrer Bresthaftigkeit auf den wohllautenden Namen Eleonore hörten, zu finden und mit einer artigen Verbeugung zu uns hereinzureichen, noch ehe Lieschen dazu gekommen, ihre leicht geschützten Tränenschleusen zu öffnen.

Die Eltern nickten sich zu. Ein freundlicher Mensch und darum auch ein freundlicher Anfang! Da konnte man es wohl verstehen, daß der Vater jetzt, seiner kräftigen Baßstimme gedenkend, einen tüchtigen Juchzer in das neue, höhenreiche Land hineinschickte und über dem Wagengerassel furchtbar aufpaßte, ob ihm die schönen Berge den Gruß auch erwidern würden. Das taten sie nun nicht, und der Bockfahrer machte einige zurechtweisende Bemerkungen, warum man gerade hier keines, wohl aber anderswo und, wie er wisse, recht bald ein Echo antreffen werde. Der Vater lachte und lud ihn ein, er solle nur recht gut aufpassen, um das Echo besser als er zu locken. Als aber dann die Stelle kam, die dem jungen Menschen der richtige Echopunkt dünkte, lockte seine quäkende Stimme, ob er sie kurz oder lang in die Landschaft schickte, nicht die Spur einer Erwiderung hervor. Erst war nun der Bockfahrer still und tat, als ob ihn fortan nur das Gradeaus angehe, dann aber beim nächsten Anstieg, anscheinend des Verlustes seines Ansehens als Landkundiger besorgt, sprang er vom Bock und gebärdete sich, indem er neben dem Wagen ging, als der einzig Rücksichtsvolle, der der schwitzenden Rosse gedächte, worauf denn wir drei Kinder nicht mehr zu halten waren. Da gab es bald ein Rennen und ein Laufen vor und hinter dem Wagen. Der Kujon vom Bock war schnell unser Gutfreund, und an einer Stelle, als ich vor lauter Lebenslust über die Maßen juchheite und schrie, antwortete plötzlich ein schlummerndes Echo, so daß das piepsende Küken als Erwecker des Widerhalls auf einmal einen Preis gewann, auf den es nicht im geringsten Aussicht gehabt.

Von Hochrosen ging es fortwährend talwärts. Da saßen wir alle wieder auf, und von da an war unser liederreicher Mund nicht mehr zusammenzuhalten. Des Vaters Baß half kräftig mit; der Mutter dünnere Stimme ging in dem gemischten Chore unter. Schließlich fand es der Bockfahrer ratsam, ein Gesellschaftslied vorzuschlagen. Er hieß uns, ihn im Chor mit der Frage anzusingen: „Gesellschaft, Gesellschaft, ich frage dich." Das taten wir mit ausgiebigem Gelächter. Darauf der Bockfahrer: „Gesellschaft, Gesellschaft, warum fragest du mich?" Dann mußten wir weiter singend fragen: „Was verzehrt wohl eine schöne Jungfrau am ersten Morgen allein?" Der Herr vom Bock antwortete: „Ein Eichhörnerlein." Und alle sangen: „Ein Eichhörnerlein verzehrt wohl eine schöne Jungfrau am ersten Morgen allein." Das war eine seltsame Jungfrau und eine seltsame Speise für ein so zartes Wesen. Das Fräulein nahm aber an den folgenden neun Morgen noch viel merkwürdigere Dinge zu sich, nämlich, Haus und Hof, Rind und Schaf, neun Kühe mit den Kälbern, acht Fässel guten Wein, sieben Hasen im Pfeffer gebraten, sechs Hühner groß gezogen, fünf Finken, welche flogen, vier Würstchen wohl gebraten, drei Täubelin, zwei Hanfvögelin, um wieder am elften Morgen mit dem armseligen Eichhörnerlein anzufangen. Nun hatte die Reisegesellschaft genug von der verfressenen Jungfrau, und außerdem fuhr man eben an Schloß Hassitz vorüber und kam in Angesicht von Festung und Stadt. Da versiegte tropfenweise der Gesang. Eine Art Andacht kam über uns. Tief unten sprengten Arbeiter die Felsen, um den Weg für die Schienenstränge frei zu machen. In ihrem Rücken rann das schnelle Neißeflüßchen, und jenseits erhoben sich aus einigen Häuserreihen und den anschließenden Gärten die wuchtigen Festungsmauern und ihre Krönung, der Donjon. An der Fahnenstange flatterte der preußische Wimpel. Daneben stand eine Figur. Ich meinte, auf meine klirrende Zinnsoldatenschachtel klopfend, das sei gewiß der Wachtposten, der nach dem Feinde ausschaue. Da verfiel man in eine neue Fröhlichkeit, denn jeder wußte es besser als der Knirps mit seinen braunen Husaren unter dem Arm. Ich mußte also hören, daß es ein Heiliger von Stein aus dem Böhmerland sei, der so wenig des Feindes bedacht sei, daß er sogar immer nach Norden, nach dem lieben Schlesierlande über den blauen Kämmen, ausschaue, von denen doch niemals ein Feind kommen werde. In meinem Herzen war ich gar nicht mit dem Heiligen von Stein einverstanden; ein Heiliger, dem die höchste Stelle einer preußischen Festung eingeräumt sei, hätte anderes zu tun, meinte ich, als nur immer in die falsche Richtung zu gucken. Ich wagte mich aber mit meinen militärischen Ansichten nicht so derb hervor.

Indessen polterte der Wagen über die Neißebrücke. Unter uns rauschte der Fluß, dann ging's wieder ein Berglein hinauf und durch einen dunklen Torweg in das Geflecht der Gassen hinein. Ich dachte, nun wäre es vorbei mit dem Gebirgigen; eine Stadt könne, wie sehr sie auch in den Bergen liege, selber nur eben sein. Doch mußte der Wagen mit den müden Rössern einen letzten Anlauf nehmen, um den steilen Oberring hinauf zu kommen. Der Bockfahrer mit seinem mitleidigen Pferdeherzen schwang sich richtig wieder herunter, das Gefährt zu erleichtern. Das fanden wir Kinder schön und gut und hätten es dem Kujon gerne nachgemacht, wenn's die lieben Eltern jetzt nur geduldet hätten.

Der Wagen erklomm also ohne den Bockfahrer den Ring und

fuhr nun, in die Böhmische Gasse einmündend, auf ebenem Wege. Jetzt hätte der Reisefreund wohl wieder aufsteigen können. Das tat er jedoch nicht und wir dachten, es sei ihm leid, als Bockfahrer preislich durch die Stadt zu fahren; auch lohne es sich ihm nicht mehr, da wir ja nur zu bald am „Goldenen Becher" anhalten würden. Dann dachten wir gar nicht mehr an ihn, denn unser Möbelwagen stand schon vor den „Drei Linden", und daraus waren eine Menge Sachen herausgequollen, die uns lieb und teuer waren. Unsere Kinderblicke umfaßten sie. Es war ein Unbegreifliches, daß uns diese Sachen noch vor ein paar Tagen in der kleinen Stadt an der polnischen Grenze umgeben und erquickt hatten, und daß sie nun hier in der sonneblinkenden Gebirgsstadt mitten auf der Straße standen und bloß heraufgetragen zu werden brauchten, um wieder ganz die unsern zu sein. Die Eltern hielten uns nicht mehr. Wir standen und gafften, Theodor die Windbüchse, Lisbeth die zweieinhalb Puppen, ich die braunen Husaren im Arm, voll eines unerhörten Glückes. Ist es denn möglich, daß man eine ganze Heimat so ganz einfach von einem Ort zum andern versenden kann?

Und nun der Reisefreund auf dem Bock, wo war er geblieben? Wir hätten seiner, so beschäftigt, wie wir mit unsern Sachen waren, kaum noch mit einem Gedanken gedacht, wenn nicht der Vater, vom „Goldenen Becher" herkommend, bestürzt zu uns gestoßen wäre. Der junge Mensch wäre, nachdem er sich heruntergeschwungen, nicht mehr wiedergekommen, und es sei ihm nichts übrig geblieben, als dem polternden Rosselenker den Fuhrlohn für den Verschwundenen mitzugeben. Aber auch der Futterbeutel war weg. Der junge Mensch hatte ihn mitgenommen. Ihn dürstete und hungerte trotz der Bauerbissen. Da war es wohl gut gewesen, daß er sich rechtzeitig versah. Jetzt hätten wir ein neues Gesellschaftsspiel anfangen können. Gesellschaft, Gesellschaft, ich frage dich: Was ißt wohl ein schöner, junger Mann am ersten Abend allein? Das Gesellschaftsspiel kam aber nicht zustande. Die Mutter fing ein wenig zu weinen an, und da der Abend herniedersank und in dem Gasthause alles so fremd um uns aussah, halfen wir ihr und weinten mit.

Ein freundlicher Mensch und darum auch ein freundlicher Anfang!

Weihnachten im alten Breslau

Erich Sturtevant

Gerade in der Weihnachtszeit schweifen unsere Gedanken gerne in die leuchtenden Tage unserer Kindheit zurück, und selbst der Griesgram, der mit der Zeit das Lachen verlernt hat, schmunzelt noch in sich hinein, wenn er der sorglosen fröhlichen Jugendzeit mit ihren Streichen gedenkt und all der kleinen Erlebnisse, die, so unbedeutend sie oft genug waren, doch getreulich im Gedächtnis aufbewahrt wurden als stärkende, geistige Wegzehrung und Aufmunterung für den weiten Lebensweg. Da weiß jeder etwas zu erzählen, wobei ihm warm ums Herz wird, als ob sich ein Traumland vor uns öffnete mit Fernblicken in eine weite schöne Landschaft, wo die Unrast und Sehnsucht unseres Inneren einmal Ruhe und Genügen findet, wie ein Wanderer, der im Schatten eines Baumes auf der Höhe rastet.

Damals, so vor vierzig Jahren (um 1880), war noch unser altes Gymnasium zu St. Elisabeth in Breslau in einem großen Gebäude beheimatet, das aber innen recht winklig war. Im Sommer konnte man nach Norden nicht die Fenster öffnen wegen der dicht benachbarten Fleischbänke, uralten Buden Spitzwegschen Charakters, und das ganze Jahr über war es in den meisten Schulzimmern recht dunkel. Stand doch unsere „Penne" in fast dauerndem Schatten der hochragenden, uralten Elisabethkirche mit ihrem geradezu majestätischen Turme, einem der höchsten Schlesiens. Zu unseren besonderen Weihnachtsfreuden gehörte es alljährlich, ihn zu besteigen. Ich glaube, wir sind im Sommer niemals oben gewesen; dazu gehörte Schnee und Kälte und womöglich Sturm. Erst dann kam seine Turmpersönlichkeit mit seiner Romantik für uns recht zur Geltung und dazu der eine der beiden sich abwechselnden Türmer, den wir uns, eine Art von Weihnachtsmann, ohne dicke, hohe Filzstiefeln und den vermummenden Pelz gar nicht vorstellen konnten. Wir hatten auch ein besonderes Verhältnis zu dem alten Manne: unser Turm hatte nämlich keine eigene Uhr, und der Türmer schlug jede Stunde, die der Herrgott wachsen ließ, an, fast automatisch, immer nach dem Schlage der Rathausuhr. Und wir Schüler waren ihm für seine Pünktlichkeit sehr dankbar; denn aus der Pein mancher bangen Schulstunde hat er uns mit seinem Schlage erlöst. Aber manchmal vergaß er es auch, weil eben kein Mensch unfehlbar ist; das war dann ganz schrecklich für uns und eine „Gemeinheit". Wie oft haben wir im Zwange der Schule die wilden Turmtauben um ihre goldene Freiheit beneidet, die sich alle Vormittage an einem bestimmten Fenster eines engen Lichtschachtes einfanden, wo sie unser alter lieber Direktor mit Erbsen fütterte. Er schaute sonst gar bärbeißig drein, aber wenn ihm die munteren Tierchen fast bedrohlich auf Kopf und Schultern flatterten, da konnte er sich freuen wie ein Kind, daß wir unseren Schulgewaltigen kaum wiedererkannten. Die Tauben sind es wohl auch gewesen, die in uns den Wunsch anregten, ihre luftige Heimstätte, zu der sie sich bald wieder aufschwangen, zu besuchen, dort oben, wo wir sie als weiße Pünktchen so oft auf den Turmgesimsen, eng an den Turm geschmiegt, furchtlos hatten sitzen sehen. Mußte das ein Blick von dort oben sein! Die vieltürmige Stadt, die weiten Plätze, die engen Gassen und das Gewimmel der Dächer mit tausend Schornsteinen und Dachluken und Absonderlichkeiten, die man nie und nimmer von unten sehen kann. Eine ganz neue Welt müßte sich da vor uns auftun, als ob man fliegen könnte wie weiland Ikarus. (Daß dies und noch viel mehr möglich wäre, wagte damals niemand zu hoffen.) Es war in der Weihnachtszeit und hatte geschneit, als wir an einem Sonnabend nachmittag an unser Vorhaben gingen. Auf den Grabmalen und Epitaphien, an und auf denen wir im Sommer unsere fröhlichsten Spiele abhielten, lag dicker Schnee, und wir stapften über den Kirchplatz dem Pförtlein zu, das zur engen, sich immer wieder windenden Turmsteige führte. Der Turm schien jetzt mit seiner ganzen ungeheuren Masse fast auf uns zu fallen, und es wurde uns nun doch etwas bange zumute, zumal der Wind in argen Stößen um die hohen Backsteinmauern fegte und die batzigen Schneekappen von den breiten Strebepfeilern über uns ausstreute. Unweit der Turmpforte ist auch ein steinernes Bildwerk in die Mauer eingelassen, welches darstellt, wie vor Jahrhunderten die hohe gotische Spitze, die nie wieder aufgebaut wurde, im Sturm abbrach. Allerdings soll ja damals nur eine Katze erschlagen worden sein, aber die ganze Sache erhöhte nicht unseren Mut. Doch gingen wir schließlich herzhaft an die Besteigung, der Zauber der „Gefahr" hatte es uns angetan; nur einer schied aus als nicht schwindelfrei, und wir anderen waren froh, den unsicheren Kantonisten loszusein. Wir stiegen und stiegen, es wollte kein Ende nehmen; schließlich standen wir an einer kleinen Tür, an deren Seite eine Klingel hing. Wir schellten kuragiert, und die Sesampforte öffnete sich, die der Türmer, wie wir nachher sahen, durch einen langen Drahtzug in der Gewalt hatte. Zu unserem Erstaunen war die Türmerstube geräumig wie ein großes Schulzimmer; da und dort in den Ecken standen allerlei Antiquitäten und ausrangierte Heiligenfiguren; darunter auch das alte „Feuerkalb", das letzte, das in Breslaus Mauern bei Bränden

Alarm schlug und die Bürger zusammentutete. Der alte Türmer, ein origineller Kauz, Schuhmacher von Beruf, den er aber auf dem Turme nicht ausübte – er studierte vielmehr seit Jahren dort oben den Faust mit größter Emsigkeit und konnte sogar lange Teile auswendig – gab uns sehr gesprächig und hocherfreut über den Besuch lange Erläuterungen zu seinen Museumsdingen, zu denen auch ein Bild gehörte, das Luther im Kreise einer größeren Tischgesellschaft darstellte. „Ja", sagte er, „da haben sie ihn vergiften wollen mit einem Becher Wein; aber er hat es gemerkt und hat gesagt: ‚Es ist mir wohl vergunnt, aber ’s ist mir nicht gesund.' Da, und darum steht's auch drunter geschrieben." Unsere Zweifel an der Wahrheit dieser Geschichte nahm er beinahe übel, ging dann aber bald von Luther auf die Erläuterung der größten Neuigkeit seines Turmgemaches über, des telephonischen Feuermelders. Dann und wann schlurfte er mit seinen dicken Filzstiefeln, tief in seinen Schafspelz vermummt – geheizt durfte oben nicht werden –, an die Turmfenster, die von unten kaum zu sehen sind, und spähte über die Stadt, auf die sich schon bläuliche Dämmerung senkte. Da und dort in den Buden des Weihnachtsmarktes auf dem benachbarten Ringe leuchteten, feurigen Sternchen gleich, schon die Laternen auf und über alles Gewirr von Menschen und Dingen hoben sich allein das Rathaus und die Zwillingstürme der Magdalenenkirche zur Höhe unseres Blickes. Aber wir Jungen wollten dem Himmel noch näher sein; selbst bis zu der kleinen Kappe des Turmes stiegen wir nun auf schmalen Leitern beinahe halsbrecherisch durch dichtes Gebälk empor, öffneten die nach oben führende Luke und steckten die Köpfe wenigstens so weit in die eisige Zugluft, daß wir sagen konnten, wir sind ganz oben gewesen. Dann kehrten wir befriedigt um und langten glücklich nach vorsichtiger Wanderung unten wieder an. Da hatten wir nun aber das Bedürfnis nach einer kleinen Magenstärkung. Wir zogen in das stadtbekannte Geschäft des uns Schülern erlaubten „Käseböhm", wo es stets frische Käsebrötchen gab, die fünf Pfennige kosteten. Es gab aber auch unter uns Schülern schon Schlemmer und Leute von Geld, die auf Butter dabei nicht verzichten zu können glaubten und unbedenklich zehn Pfennige dafür bezahlten. Das hielt man aber im allgemeinen für eine arge Verschwendung. Als eigentliche Weihnachtsleckerei waren die „Bauernbissen" bei der Jugend sehr beliebt, eine Art weichen Pfefferkuchens, den wir bei Hippauf in der Oderstraße kauften, und zwar entschieden vorteilhafter zweimal für fünf Pfennige als einmal für zehn Pfennige. Auch auf dem sonst so beliebten Weihnachtsmarkt haben wir des öfteren arge Enttäuschungen bei Verausgabung von zehn Pfennigen erlebt, und die Leute waren noch nicht einmal freundlich gewesen, wo wir doch unser gutes Geld ausgegeben hatten. Wir gelobten uns, im nächsten Jahre noch vorsichtiger zu sein und uns noch länger zu beraten. Da war denn doch ein kleiner Bäckerladen in der Albrechtstraße unserer stetigen Kundschaft sicher. Im Hausflur stand eine Bank, und durch ein Flurfensterchen ward einem von der Bäckermamsell für fünfzehn Reichspfennige ein Stück Apfelkuchen mit schönster Schlagsahne gereicht, daß wir uns beinahe schämten, daß wir das aufessen konnten. Allerdings machten wir solche Geschäfte nur unseren besten Freunden namhaft, weil wir durch Herdenzüge an solche Quellen Verkleinerung der Portionen befürchteten. Wie auf dem alten Ringe der Weihnachtsmarkt seine Stelle hatte, so der Christbaummarkt auf dem benachbarten Blücherplatz. Mir ist es immer wie eine Huldigung für den alten Freiheitshelden vorgekommen, wenn urplötzlich in den Weihnachtstagen auf dem weiten Platz um das Denkmal ein grüner Tannenwald emporwuchs. Der Hauptmarktplatz war damals der Neumarkt, auf dem die Bauern der Umgegend rings um den Neptunsbrunnen, den „Gabeljürge", wie ihn der Breslauer Volksmund nennt, ihre Waren feilhielten. Dort wurde auch für gewöhnlich unser Festbraten, die Weihnachtsgans, erstanden bei der Berta aus Festenberg, die zugleich mit kerniger Landbutter und ebensolchem Brote handelte, das einen großen Ruf hatte. Und abends, wenn dann die Lichter in den Geschäften und schmalen malerischen Verkehrsstraßen der Altstadt auffunkelten, welch' frohes, buntbewegtes Treiben! Dann blühten auch in den alten Gastwirtschaften und Schenken, wie dem „Schweidnitzer Keller", an dessen Eingang die vielbegehrte Würstchenfrau viele Jahre ihren Platz hatte, dem „Nußbaum", der „Weintraube" die harmlos fröhliche, weihnachtsbeseligte schlesische Gemütlichkeit auf in echt volkstümlicher Weise. Und trat man dann hinaus in die winterlich kalte Luft, dann war es still geworden; anders schauten die alten Häuser drein wie vorher im munteren Weihnachtstreiben. Alte Geschichten fielen einem ein, wie Gustav Freytags „Soll und Haben", das einen Ruhmeskranz um das alte Molinarische Kaufhaus geflochten hat. Dämmerig lagen Straßen und Plätze, immer stiller noch wurde es hinter der Sandbrücke nach der Vorstadt hin, in die nicht einmal die Pferdebahn ging. Die Dominsel tauchte auf mit ihren uralten Kirchen, jenes Eiland in der Oder, das in der Zeit der Hunneneinfälle den Breslauern sicheres Asyl bot. Und dann klang wohl eine Glocke noch spät von irgend einem Turme und kündete: „Friede, Friede auf Erden."

Schlittenfahrt in Schlesien

Friedrich Bischoff

Mit den Schimmeln hin im Trabe,
und die Schlittenglocke schellt.
Wieder bin ich jener Knabe,
der die Kutscherpeitsche hält.

Vor uns auf der Deichselspitze
tanzt ein roter Feuerball,
funkeln rote Sonnenblitze,
um der Schlittenschellen Schall.

Und ich blinzle in das Glühen,
Flocken klingen glockenleis.
Jeder Strauch will glitzernd blühen,
um die Kufen singt das Eis.

Neben mir mit einem grauen
Rauhreifbart um Mund und Kinn,
sitzt mein Vater und wir schauen
in die rote Sonne hin.

Ach, ich weiß noch, wie sie näher,
feurig immer näher kam,
bis sie aus dem Wald ein Häher
in den spitzen Schnabel nahm

und sie forttrug, flügelschnelle,
hinterm Walde losch sie aus.
Lang noch klang die Schlittenschelle
durch die Winternacht nach Haus.

Wie ich mit dem lieben Gott
im Schlitten fuhr

Paul Keller

Daß Bauernbuben eine besonders starke Abneigung gegen das Schlittenfahren hätten, wird niemand so leicht behaupten. Als ich vor etwa dreißig Jahren noch ein Bauernbub war, gehörte auch für mich das Schlittenfahren zu den allergrößten Genüssen des Lebens. Nur einmal war ich ein wenig bedenklich, als ich mitten in einer bitterkalten Winternacht geweckt wurde und es hieß: ich sollte augenblicklich aufstehen und mit dem Herrn Pfarrer zum Kranken fahren. Hinaus nach der Kolonie, dort liege der Maurer Henschel im Sterben.

Frierend saß ich auf dem Bettrand und bemühte mich, in meine Stiefel hineinzukommen. Ich hatte immer nur ein Paar Stiefel. Sie waren von Rindsleder, hatten lange Schäfte und waren vom Ruppert-Schuster so verzwickt gebaut, daß es nur einem völlig Ortskundigen überhaupt gelang, in sie hineinzufinden. Und dann hatte es noch seine liebe Not. Ich mußte erst immer, die Ösen der Schäfte stramm emporgezogen, fünfmal um die ganze Stube hupfen und siebzehnmal gegen den Fußboden stampfen, ehe ich „drinne" war.

Ich haßte diese Stiefel. Jedes Paar war bestimmt, ein Jahr lang auszuhalten. Und sie hielten auch aus, namentlich die Schäfte; dagegen waren die Fußspitzen meist nach vier Wochen schon „durch", was dann den Ruppert-Schuster veranlaßte, „Kappen" aufzuflicken, Lederflecke von einer geradezu grotesken Gestalt und alles mit ganz windschiefen Nähten von grauem abscheulichem Schusterzwirn. Mit solch einer Beschuhung soll man nun einen jungen Gentleman herausbeißen, wenn's mal aus irgend einem Grunde nach was aussehen soll!

Ich war also auch in dieser Nacht froh, als ich „drinne" war und mich überzeugte, daß sogar beide Fersen richtig unten aufsäßen. Meine andere Toilette war rasch beendet, und ich stampfte alsbald durch den tiefen Schnee der Kirche zu. Tot und öde war die Dorfstraße, der Schnee knirschte unter meinen Füßen, und der Mond, der hinter Wolken steckte, verbreitete ein düsteres, geisterhaftes Licht auf der Gasse. In der Schule holte ich die Kirchenschlüssel und wandte mich nach dem Friedhof, in dessen Mitte unser Gotteshaus aufragte. Vor den Toten hatte ich keine Angst. Bis auf einen einzigen! Das war der Winter-Wirt, mit dem ich zu seinen Lebzeiten auf Kriegsfuß gestanden hatte. Er hatte immer ein besonderes Vergnügen daran gefunden, mich an den Haaren oder an den Ohren zu ziehen, und ich hingegen hatte ihm einige unschöne Streiche gespielt. Man tut ja als Schulbub, was man nur irgend kann. Nun lag der Winter-Wirt auf dem Friedhof, gerade am Gange, und wenn ich bei seinem Grabe vorbeiging, hatte ich immer das peinliche Gefühl: jetzt fährt er mit dem Fuße heraus und gibt dir eins in den Rücken, daß du auf die Nase fällst! Zur mitternächtigen Stunde nun gar verstärkte sich dieses Angstgefühl, und es wollte nichts helfen, daß ich mich selbst beschwichtigte und mir gut zuredete: der Winter-Wirt würde sich schön hüten, aus seinem warmen Grabe mit dem Fuß an die kalte Luft herauszufahren, wo er doch so oft an der Gicht gelitten hatte. Nein, es war nicht zu leugnen, ich fürchtete mich. Und so ging ich erst ganz leise und behutsam, und wie ich in die Nähe vom Winter-Wirt kam, sauste ich im Galopp an ihm vorbei. Dabei fiel mir nun wieder meine Großmutter ein, die auch am Wegrande lag und zu ihren Lebzeiten tausendmal gesagt hatte: „Junge, tritt doch nicht so auf, du weißt doch, daß ich Kopfschmerzen habe!"

In der Kirche wurde mir wohler. Ich hatte als Ministrant fast alle Tage Kirchendienst und fühlte mich in der Kirche völlig zu Hause. Es gab da nichts, was mich im mindesten hätte schrecken können, auch nicht diese tiefe Finsternis, die nur durch die ewige Lampe ganz matt erhellt wurde. Ich schloß die Sakristei auf und holte den „Krankenbeutel". Das war ein braunes Leinensäcklein, in dem ein Kreuz steckte, zwei Leuchter, zwei Kerzenstummel, eine kleine Glocke und etliches, was zur heiligen Ölung gebraucht wurde.

Da schallte ein Stimme durch die Kirche: „Bist du da?"

„Ja!" sagte ich.

Es war der Pfarrer. Er stieg die Altarstufen hinauf und öffnete den Tabernakel. Ich kniete nieder und schlug an meine Brust.

„Herr Jesus, dir lebe ich! Herr Jesus, dir sterbe ich! Herr Jesus, dein will ich sein jetzt und in Ewigkeit!"

Der Pfarrer entnahm dem Ciborium eine heilige Hostie, legte sie in eine goldene Kapsel, steckte die Kapsel in die seidene Burse, die er auf der Brust hängen hatte, schloß den Tabernakel, und wir gingen.

Auf der Straße wartete des Pfarrers Kutscher mit dem Schlitten; ich schwang mich zu ihm auf den Bock, er schlug eine Decke um meine Knie, und die Fahrt ging los.

Der Mond trat aus den Wolken und beleuchtete den weißen Weg. Das Dorf lag bald hinter uns; wir fuhren übers freie Feld, der kleinen Ansiedlung zu, wo der Henschel-Maurer im Sterben lag. Es wurde mir ganz eigen und nachdenklich zu Mute. Vier waren wir auf dem Schlitten: Ich, der Kutscher, der Pfarrer und der liebe Gott! Ich betete ein Vaterunser und ein paar fromme Reimlein, dann brach meine etwas derbe Bauernbubennatur wieder durch, und ich geriet ins Spekulieren. Es fiel mir ein, daß ich den lieben Gott selten einmal für mich so allein hätte wie jetzt. In der Kirche, da waren immer viele Leute, und alle hatten ein Anliegen oder zehn oder tausend. Aber jetzt — wo wir so allein waren in diesem Schlitten — da konnte ich leicht zu Worte kommen und auf Erhörung rechnen. Es war aber eine tiefe Scheu in mir, und ich wandte mich erst mit dem Kopf halb nach hinten, ob ich es wagen dürfe und ob es auch der Pfarrer nicht hören würde. Und es war mir, als ob mir jemand zurede: Sag' nur alles in deinem Herzen! Da sagte ich alles, und ich will hier nichts beschönigen und mein sonderbares Gebet wiedergeben.

Ich fing an, daß ich doch in der Schule gelernt hätte, der liebe Gott verlange nichts umsonst, er belohne auch die kleinste gute Tat. Nun sei es doch gewiß gar nicht so einfach, nachts aus dem warmen Bett aufzustehen, sich die engen Stiefel anzuziehen und über den Kirchhof zu gehen an Winter-Wirts Grabe vorbei und dann bei der Großmutter, die soviel Kopfschmerzen habe. Das alles habe ich dem Heiland zuliebe getan, und wenn es deshalb nicht zu viel verlangt sei, so möge er es doch, bitte recht schön, so fügen, daß ich nicht immer in diesen häßlichen Stiefeln laufen müsse, sondern einmal ein paar richtige Gamaschen aus der Stadt bekäme. Mit Gummizug! So, wie sie der Sohn des Briefträgers hatte, als er in den Ferien mit seinem Vater in unserem Dorfe war.

So — nun war's heraus! Ein Weilchen saß ich still; dann wandte ich wieder den Kopf zur Seite, ob nicht von rückwärts eine Antwort käme. Es kam aber keine — kein Ja und kein Nein. Ganz bedrückt saß ich da.

„Fahr schneller!" rief der Pfarrer den Kutscher an. Der trieb die Pferde an, und bald darauf hielten wir vor Henschel-Maurers Haus. Die Henscheln kam uns mit ihren sechs Kindern entgegen, und alle fielen schluchzend auf die Knie. Der Pfarrer hob das höchste Gut segnend über sie und sprach den vorgeschriebenen Gruß: „Friede sei mit diesem Hause und mit allen, die darin wohnen!" Dann stiegen wir eine enge steile Treppe hinauf. In der Oberstube lag der Henschel. Hatte sein ganzes Leben so schwer gearbeitet und so schwer gedarbt, daß er mit fünfunddreißig Jahren am Ende war. Die roten Schwindsuchtsrosen blühten auf seinen Wangen, und seine Augen glänzten, als seien sie aus Glas.

Über den Tisch war eine weiße Decke gebreitet; ich stellte das Kreuz und die Leuchter darauf, entzündete die Kerzen, deren gefrorene Dochte erst lange knisterten, ehe sie brannten, und dann legte der Pfarrer das hochheilige Sakrament auf den Tisch des Arbeiters. Nun da sein armes Leben zu Ende ging, kam der König der Welt zum Henschel-Maurer.

Der Pfarrer winkte stumm; wir gingen alle hinaus. Der Kranke beichtete. Wir standen derweil draußen auf dem schmalen Flur und halb die Treppe hinunter. Ich war in schwerer Seelennot. Ich schämte mich meines Gebetes im Schlitten. War ich nicht wie jener Pharisäer im Tempel gewesen, der sich hinstellte und dem lieben Gott seine Verdienste vorzählte? Hatte ich den Heiland, der seinen goldenen Kelch verließ und zu einem Sterbenden fuhr und der gewiß auf dem langen Weg nur an dessen Seele dachte, nicht gestört mit meinem albernen Stiefelgebet?

O, es war auch alles danach angetan, daß selbst ein Bauernbub in sich gehen mußte. Die Henscheln rang die Hände zum Himmel, und die sechs Kinder, die um sie standen, weinten und zitterten vor Kälte und Herzeleid.

Und da fiel mein Blick auf die Füße der Kinder. Keines von ihnen hatte Schuhe oder Stiefel an; in Holzpantoffeln standen sie da mit schlechten, geflickten Strümpfen, und eines stand barfuß in den Pantoffeln. So arm waren sie gewesen, da der Vater lebte, und nun lag er drin im Sterben. Was würde dann werden? Die Henscheln rang die Hände zum Himmel! Ich schluchzte mit und dachte an meinen Vater, der gesund war und der in ehrlicher Arbeit es sich schwer genug verdienen mußte, mir diese festen Stiefel zu kaufen, die ich anhatte. Ich konnte nicht anders: ich bückte mich und fuhr einmal streichelnd über die ledernen Schäfte.

Der Pfarrer öffnete die Tür — die Beichte war vorbei. Wir gingen alle in die Krankenstube. Ich war so in Verwirrung, daß mich der Geistliche erst leise mahnen mußte, das allgemeine Sündenbekenntnis zu sprechen. So fing ich an: „Confiteor Deo omnipotenti... quia peccavi... mea culpa, mea culpa, mea maxima culpa..." und legte auch meine Schuld hinein und fühlte es auch für mich als einen großen Trost, als der Pfarrer durch die Stille der Nacht das „Indulgentiam, absolutionem et remissionem peccatorum tuorum" sprach.

Dann öffnete er die goldene Kapsel, und wie ein weißer Stern stieg die heilige Hostie empor, auf die der Sterbende mit glühenden Augen schaute als auf den letzten Trost, den letzten Halt.

„Herr, gib mir nichts, gib alles den Henschel-Kindern!" betete ich inbrünstig, indes ich dreimal das kleine Glöcklein läutete zum „Domine, non sum dignus".

——————————————————————————————

In tiefem Herzensfrieden bin ich nach Haus gefahren. Wir waren nur noch drei auf dem Schlitten: ich, der Kutscher und der Pfarrer. Der beste von uns war beim Henschel-Maurer geblieben. So hörte ich auch in Frieden am nächsten Tage die Botschaft, daß der Henschel noch in selber Nacht hinübergegangen sei. — — —

Das alles ist nun an die dreißig Jahre her. Aber ich weiß, ein wie guter Fahrgast der liebe Gott im Schlitten war. Ich bin zeitig genug in die Stadt-Gamaschen gekommen, und die Henschel-Kinder gehen heute alle in ehrlichen festen Schuhen und Stiefeln durch die Welt.

Schmalhans blieb der Familie treu

Paul Löbe

Als der 29jährige Tischlergeselle Heinrich Löbe aus Freiburg in Schlesien im September 1873 dem 20 Jahre alten Dienstmädchen Pauline Leuschner aus Wohlau die Hand zum Ehebunde reichte, war Armut bald ihr treuester Begleiter.

Der Tischler hatte bei seinem Wanderleben durch Norddeutschland, das ihn schließlich zurück nach Liegnitz in Schlesien führte, zum Sparen kaum die Möglichkeit gehabt. Das Mädchen aber wurde beim Abgang aus der Schule mehr aus Gnade und Barmherzigkeit von einem Onkel in das einfache Speisehaus am Kohlmarkt in Liegnitz aufgenommen, ohne je auf verdienten Lohn Anspruch zu erheben. Es begnügte sich mit der ‚Schlafstelle‘ und dem Essen, bis es den zukünftigen Lebensgefährten traf.

Der junge Handwerker zimmerte mit Hilfe der Kollegen an seiner Hobelbank die notwendigsten Möbel, Tisch und Bett, Stuhl und Schrank, einfach und solide, so daß unsere Mutter noch nach 70 Jahren darin schalten und walten konnte. Wäsche, Geschirr und Hausrat mußten langsam vom kargen Wochenlohn abgeknappst werden. Da in rascher Folge sieben Geschwister dem Ältesten folgten, von denen allerdings vier im frühen Kindesalter starben, blieb Schmalhans der Familie all die Jahre treu.

Was man im Bürgerhaus die ‚gute Kinderstube‘ zu nennen pflegt, war freilich bei uns sehr eng und ärmlich. Wir wohnten in einer Stube mit Alkoven. Das war der landesübliche Ausdruck für ein Nebengelaß, fast immer ohne Fenster, höchstens mit einem Luftloch von 25 Zentimeter im Quadrat. Darin standen für uns drei Bettstellen, eine für den Vater, der früh um sechs in die Möbelfabrik ging, eine für die Mutter, die das Kleinste, ein Mädchen, zu sich nahm, eine für uns drei Jungen, zwei lagen in der üblichen Kopfrichtung, in der Mitte der dritte, zu Füßen.

Als wir für diese Belegschaft zu groß geworden waren, quartierte man uns auf den Hängeboden um. Hier lagen abgetrennte kleine Kammern, direkt unter dem Dach. In unsere brachte man eine Bettstelle und dort hinauf türmten wir nach der Abendsuppe, um uns auszuschlafen. Die Kammer hatte zwei Luftlöcher. Das eine lag so tief, daß wir uns auf den Bauch legen mußten, wenn wir auf den Hof sehen wollten, das obere öffnete uns den Blick in die Welt der Schornsteine und Dächer. Es kam vor, daß eine lungernde Hauskatze aufs Deckbett fiel oder uns auf die Brust sprang, aber daran gewöhnten wir uns.

Bei aller Knappheit der Lebensführung litten wir doch in den Jahren des Friedens niemals wirklichen Hunger. War die Butter zum Frühstück zu teuer, dann wurden die Brotschnitten mit Weißkäse, Sirup, Pflaumenmus oder Apfelmus bestrichen, was beim Mitnehmen in die ‚Freiviertelstunde' nur den Nachteil hatte, daß der Aufstrich herunterlief. In unserem Keller standen ein paar Tonfäßchen mit Sauerkraut, Senfgurken und Sauergurken. Der Vater legte sich ein paar Scheiben davon aufs Brot, wir nannten das die grüne Wurst.

Zur Hauptmahlzeit gab es am häufigsten Kartoffeln in jeder Form, so daß der Vers von Mund zu Mund ging:

Kartoffeln in der Früh,
Kartoffeln in der Brüh,
Kartoffeln samt ihrem Kleid,
Kartoffeln in alle Ewigkeit!

Zur Abwechslung kamen aber auch Hirse, Graupen, Erbsen und Bohnen auf den Tisch. Freitags, wenn das Kostgeld zu Ende ging, aßen wir zu sechsen Blut- und Leberwurst für zusammen 20 Pfennig mit Sauerkraut und Stampfkartoffeln. Am Sonnabend, wo es noch knapper zuging, gab es Hering. Diese einfachen Gerichte genügten uns, dafür war ja sonntags der Fleischtag mit einem Pfund Schweinefleisch für 60 Pfennig und Kartoffelklößchen, wobei die Mutter froh war, wenn noch ein Eckchen Fleisch für Montag übrigblieb. Wie früh sich dabei die Sorge ums tägliche Brot von den Eltern auf uns Kinder übertrug, das zeigte sich in einer kleinen Szene bei der Geburt unseres einzigen Schwesterleins. Als der sechsjährige Bruder bei diesem Ereignis ein paar Tränen vergoß, beantwortete er die mütterlich-besorgte Frage nach dem Grund mit kindlicher Offenheit: Jetzt würden ihre Klagen, daß es nicht reicht, ja noch häufiger werden. Meine Bedenken wurden beschwichtigt, daß solch ein kleines Wesen ja nicht viel brauche, und damit habe ich mich dann trösten lassen. Im übrigen galt die Parole: Salz und Brot macht Wangen rot!

In meiner frühesten Erinnerung sehe ich mich auf dem engen Hofe eines Liegnitzer Hinterhauses im Sommer barfuß am Erdboden sitzen und mit einem abgebrochenen Löffelstiel den Sand zum Spielen zusammenkratzen. Im Winter verlegten wir den Schauplatz unserer Spiele auf den aus Stoffresten geknüpften Stubenbelag, wo wir mit Knöpfen, Kastanien und Eicheln allerhand Figuren der eigenen Phantasie zusammensetzten.

Am Tisch saß die Mutter und nähte bis in die tiefe Nacht hinein auf Holzrahmen mit Eisenstiften wollene Mützen und Kapuzen, bis ihr die müden Augen zufielen. Oder sie häkelte Umhängetücher, womit sie zwei bis drei Mark in der Woche verdiente. War am Sonnabend das geforderte Pensum in der Wollwarenfabrik von Beer abgeliefert, dann begann die Reinigung der kleinen Wohnung, das Waschen und Flicken von Kleidern und Unterzeug, das auch ihren Sonntag, den ‚Feiertag‘, meist ausfüllte. Es lag ein stilles unbewußtes Heldentum über diesen Proletarierfrauen im letzten Viertel des vorigen Jahrhunderts, deren Hände nie ruhten und denen das Leben nur wenig Freude schenkte. Wir Kinder mußten bald bei der Heimarbeit helfen, doch die eintönige, langweilige Näherei im engen Gelaß trieb die älteren von uns auf die Suche nach einer abwechslungsreicheren Tätigkeit. Morgens, ehe die Schule begann, trugen wir Frühstücksgebäck aus, nachmittags Zeitungen, zwischendurch schlichen wir zum Bahnhof, um den Dienstmännern unlautere Konkurrenz zu machen, indem wir Reisenden ihre Koffer in die Stadt brachten. Wir waren glücklich, wenn wir dabei mit 20 Pfennig fürstlich belohnt wurden, aber auch zufrieden, wenn nur ein mageres Fünfpfennigstück die Mühe lohnte.

Mit zwölf Jahren machte ich bereits den wohlbestallten Laufburschen in dem Scheiblerschen Schuhgeschäft in der Bäckerstraße, reinigte morgens um 6 Uhr den Laden und den Bürgersteig, putzte die Schuhe, holte das Frühstück ein, um dann gegen 7 Uhr in die Schule zu traben. In den Mittagsstunden galt es, Schuhreparaturen zu den Kleinmeistern zu tragen und abzuholen, Gänge in die Stepperei zu machen, Sohlenleder zu schneiden und mächtige Langschäfter, halb so groß wie ich selbst, aus dem Braun der ursprünglichen Farbe des Leders bis zu glänzender Schwärze zu wienern. Diese Tätigkeit setzte sich nach der Schule bis zum Ladenschluß um 8 Uhr und auch am Sonntagvormittag fort. Dafür gab es pro Woche eine Mark ‚Lohn‘, und diese Mark spielte eine recht ansehnliche Rolle im Gleichgewicht des Haushaltes. Jüngere Geschwister fuhren gelegentlich Kohlen mit mir aus. Bald vermochte ich einen Zentnerkorb auf dem Rücken in die Keller zu schleppen und so die Mutter auch bei dieser schweren Arbeit, die sie für das im Hause befindliche Kohlengeschäft übernommen hatte, zu entlasten. Schneeschippen und Eishacken gingen im Winter noch nebenher.

Wir verrichteten all diese Arbeiten nicht widerwillig, waren im Gegenteil stolz, wenn wir der Mutter, die doch für alles sorgen mußte, ein paar Groschen bringen konnten. Nur wenn wir in schönen Sommerabendstunden gleichaltrige Kinder im Spiel frohlocken hörten, während wir unserer ‚Berufsarbeit‘ nachgingen, beschlich uns manchmal ein leises Weh.

Im beglückenden Gegensatz zum gleichmäßigen Alltag standen die großen Feste des Kirchenjahres, vor allem das Weihnachtsfest. In den deutschen Klein- und Mittelstädten war es um 1880 noch von einem romantischen Schimmer umgeben. Die Wachskerzen des Tannenbaums waren noch nicht von den elektrischen Glühbirnen verdrängt, Kronleuchter und Scheinwerfer minderten noch nicht seinen warmen, traulichen Zauber. Der fröhliche Einzug der Kinderschar in die weihnachtliche Stube ist uns fürs ganze Leben im Gedächtnis geblieben. Unser Weihnachtsbaum trug noch vergoldete Nüsse und Äpfel, Pfefferkuchen und Zukkerkringel. An seiner Spitze schwebte ein Engel, von dem bunte Papierketten herabhingen, die wir selbst geschnitten und geklebt hatten.

Was unterm Baum an Geschenken lag, waren überwiegend ‚nützliche Sachen‘, die wir auf alle Fälle haben mußten: Strümpfe und Handschuhe, Taschentücher, Hauspantoffeln und ähnliches. Das eigentliche Spielzeug bildeten der Baukasten, die Schäferei, Puppen und Zappelmann, Abziehbilder. Technisches Kinderspielzeug ‚zum Aufziehen‘ war noch selten und ging schnell kaputt, während die Bausteine immer wieder viele Stunden lang unsere Phantasie anregten. Wenn aber gar ein Kinderschlitten oder Schlittschuhe sich unter die Geschenke mischten, war das schon eine recht große Gabe. Nach meiner Erinnerung hatten wir damals viel öfter einen richtigen Winter mit geschlossener Schneedecke, mit Schneemännern und den Pferdeschlitten, deren Glöcklein durch den Wintertag schallten.

Im Hause aber dufteten Streuselkuchen und Mohnsemmeln, wofür die Mutter schon seit Mitte November jeden Sonnabend zwei Pfund Mehl und ein Pfund Zucker sparen mußte. Wurden diese Herrlichkeiten aber gar durch eine Weihnachtsgans ergänzt – das Pfund für 50 Pfennig –, dann war der Höhepunkt der kulinarischen Genüsse erreicht. Der sympathische Vogel in der Pfanne mußte natürlich für drei bis vier Mahlzeiten reichen, aber die frohe Stimmung reichte noch länger, bis Silvester und Neujahr, ehe der Alltag sie wieder ablöste.

Trotzdem kamen wir alle in der Volksschule vorwärts, und daß wir ‚gut gerieten‘ und bald in den ersten Bänken unserer Klasse saßen, war in jenen Jahren wohl die einzige Freude, die den etwas düsteren Hintergrund der elterlichen Welt aufhellte. Überhaupt bildete das harmonische Zusammenleben der Familie in den Jahren unserer Kindheit einen Ausgleich gegenüber mancherlei materieller Not. Die schwere Jugend der Eltern, unser eigenes Gefühl der Abhängigkeit und Unselbstständigkeit schützte

uns vor Anmaßung und Rechthaberei. Des Vaters Wahlspruch
,Alles verstehen heißt alles verzeihen' entsprang einer tiefbe-
gründeten Toleranz und Selbsterkenntnis. Wer seine eigenen
Mängel ehrlich erkennt, ist duldsam gegen die Fehler des Nachbarn. Das wurde nicht als Grundsatz aufgestellt, aber im Leben
geübt und galt auch in der eigenen Familie. Jugendlicher Über-
mut wurde durch einen Verweis oder noch öfter durch gutes Zu-
reden, durch Belehrung gedämpft, körperliche Züchtigung war
selten. Rutschte der Mutter wirklich einmal bei einer krasseren
Ungezogenheit der heranwachsenden Bengel die Hand aus, so
verfehlte die Drohung : „Ich werde es schon dem Vater sagen!"
gänzlich ihre Wirkung. „Soll ich, wenn ich abends müde von der
Arbeit komme, anfangen, die Kinder zu züchtigen, statt mich an
ihnen und mit ihnen zu freuen? Nein, ich will ihnen ernst sagen,
warum sie sich gut benehmen sollen. Das ist sicherlich nützlicher
als Prügel!" — wie sie in diesen Zeiten leider fast zur Tagesord-
nung gehörten, in der Schule und daheim . . . . .

Die in der Schule erworbenen Kenntnisse im Lesen setzten
mich bald instand, dem von der Arbeit heimkehrenden Vater die
Reichstagsberichte aus dem ,Liegnitzer Anzeiger' vorzulesen,
was ihm selbst bei dem kleinen Druck schwerfiel. Mit wachsen-
dem Verständnis verfolgte ich die väterliche Anteilnahme an den
politischen Anklagen, die sich bei den Debatten von Bebel, Lieb-
knecht, Auer, Grillenberger zu lauten Zustimmungsäußerungen,
ja zu freudiger Begeisterung steigerten. So erwachten wir Jungens
im letzten Jahrzehnt des vorigen Jahrhunderts zu politischem Interesse.

Der gestohlene Christbaum

Joseph Wittig

Mein Vater verdiente für seine neunköpfige Familie in den achtziger Jahren des vorigen Jahrhunderts als Maschinenwärter und Zimmermann der Niederwaditzer Wülfingfabrik in zwölfstündigem Arbeitstag vierzig, und etwas später fünfundvierzig Mark im Monat. Dieses Einkommen der Familie vermehrte meine Mutter durch Bestellung einiger Morgen Ackers im Sommer und durch Leinenweberei im Winter – es gab auch da schon arbeitslose Wochen – mit Hilfe der größeren Mädchen um etwa zwanzig Mark im Monat. Das ergab im ganzen fünfundsechzig Mark für den Monat; für den Tag also, gut gerechnet, zwei Mark und siebzehn Pfennige, für den Kopf, oder vielmehr für den einzelnen Magen und die ziemlich zahlreichen Glieder des Körpers, die auch im Sommer bedeckt und im Winter sogar gewärmt sein wollen, vierundzwanzig Pfennige. Dafür bekam man damals zwei Pfund Mehl oder ein Viertelpfund Butter, wie heute etwa für siebzig Pfennige. Wir waren also trotz fleißiger Arbeit meiner Eltern und der größeren Geschwister nicht viel besser dran als heute eine ebenso große Familie, die auf die Arbeitslosenrente ihres Ernährers angewiesen ist. Rein rechnerisch genommen! Sonst waren wir nämlich viel besser daran. Es gab damals noch etwas, was es heute nicht mehr gibt. Ich sage nicht, was. Ich sage nur: wie es damals noch für jeden Menschen eine Arbeit gab, die ihn, wenn auch noch so kärglich, ernährte, und heute nicht, so gab es damals noch jenes Etwas, das es heute nicht mehr gibt. Ich schreibe ja auch diese Rechnung nicht nieder, um die Arbeitslosen von heute zu trösten, denn da gibt es ohne jenes verlorene Etwas nicht viel zu trösten. Und ich schreibe sie nicht nieder, damit die wirtschaftlichen Pharisäer zu den klagenden Arbeitslosen sagen können: „Seht, es geht euch gar nicht so schlecht, denen früher ging es nicht viel besser!" Sondern ich schreibe sie nur nieder, um zu erklären, daß wir uns wirklich keinen Christbaum kaufen konnten.

In meinen ersten acht Lebensjahren hatten wir aber doch einen Christbaum zu Weihnachten, und zwar einen so hohen, daß er von der Tischplatte bis schier an die Stubendecke reichte. Wir kauften nämlich meistens im Herbst für die Winterfeuerung eine Fuhre Reisig, und da war gewöhnlich ein kleines, verwachsenes Fichtenbäumchen dabei, das mein Vater zu einem ganz hübschen Christbaum zurechtstutzen oder ergänzen konnte. Oder wenn mein Vater am Heiligen Abend aus der Fabrik kam und über den schon absterbenden Neuroder Weihnachtsmarkt ging, da war noch dieses oder jenes Krüppelchen von Tannenbaum als unverkäuflich zurückgeblieben, und der Händler gab es gern für eine Prise Schnupftabak her. Das war immer eine unsichere Sache, und wir konnten gar nie damit rechnen. Denn mein Vater war nicht der einzige Schnupfer, der über den Neuroder Markt ging. In Neurode schnupfte damals ein jeder Mann, der zu einer gewissen Reife des Lebens gekommen war.

Nun war es damals unter den armen Leuten, die in der Nähe eines Busches oder Waldes wohnten, eine allgemeingültige sittliche Auffassung, daß sich der arme Mann seinen Christbaum im Busch holen dürfe. Zwar nicht bei Tag und nicht so, daß er sich dabei erwischen lassen durfte, aber eben doch. Diese Auffassung war ja bei uns durch Predigt und Katechismusunterricht stark erschüttert worden, aber als wir nun schon zwei Jahre lang keinen Christbaum gehabt hatten, sagte ich zu meiner Schwester: „Das ist nicht richtig! Komm, wir gehen in des Schneidbauers Busch und holen uns ein Bäumchen!"

Meine Schwester war zwei Jahre älter als ich und half den Eltern schon tapfer in den Arbeiten und Sorgen ihres Lebens, und als sie ihr Einverständnis gab, war es mir klar, daß sie diesen Gedanken schon vor mir gehabt, reiflich überlegt und für moralisch einwandfrei befunden hatte und daß sie nur eben meiner männlichen Initiative bedurfte. In diesem Augenblick ging aber die sittliche Führung ganz an sie über, und während ich mir noch die ursprünglich nicht für mich, sondern vor vielen Jahren einmal für meinen älteren Bruder geschaffenen Stiefel anzog – es war tiefer Schnee im Langen Grunde, und darunter noch ungefrorenes sumpfiges Erdreich –, blickte ich zu ihrem sicheren Antlitz empor und sagte: „Du! Ob's Sünde ist?" „Ach wo", antwortete die Schwester. Wir schritten zuerst am hohen Rande des Langen Grundes entlang bis zu dem Bergwerksschacht, der damals nur zur Atmung der Grube diente, später der Einfahrtsschacht zu den Tonflözen wurde. Wir schritten durch den hellen, offenen Wintertag. Denn wir wollten nicht wie Diebe in der Nacht gehen. Da hätten wir uns auch zu sehr gefürchtet. Wir hatten nur die Mittagsstunden gewählt, in denen der Bauer und seine Knechte doch auf dem Hof zu tun hatten. Als wir nun in der Gegend des Schachtes zu dem dunklen Walde abbogen – solch ein Wald ist immer wie ein hohes Richterkollegium; man kann eigentlich nur mit reinem Herzen eintreten, und ich hatte bisher immer ein reines Herz gehabt, wenn ich in den Wald ging –, da hatten wir das Bedürfnis, uns eingehende Rechenschaft über unser Vorhaben abzulegen. Das heißt: wir fühlten ganz genau, daß es kein rechtes Vorhaben sei, wollten aber nach dem Beispiel hervorragender Kasuisten so lange darüber reden, bis wir einsahen, daß es ein rechtes Vorhaben sei. Ich sagte zu meiner Schwester: „Warum denkst du, daß es keine Sünde sei? Der Wald ist doch das Eigentum des Schneiderbauern, und wir dürfen davon nichts wegnehmen!"

Darauf die kluge Schwester: „Natürlich ist der Wald das Eigentum des Schneiderbauern, aber eben nur der Wald. Den hat der Herrgott dem Schneiderbauern gegeben, und es wäre Sünde, wenn wir etwas wegnähmen, was zum Walde gehört. Aber erstens gibt es im Walde vieles, was nicht zum Walde gehört. Zum Beispiel die schöne Luft. Die darf jeder atmen. Und dann die Beeren und die Blumen. Du weißt, daß selbst der Pfarrer im Sommer manchmal in den Wald geht und eine Beere nach der anderen in den Mund steckt und manchmal auch ein Orchideenbüschlein mit heimträgt."

„Und zweitens?" drängte ich fragend die Schwester, wohl meinend, daß Bäumchen doch eine wesentlich stärkere Zugehörigkeit zum Walde hätten als Beeren und Blumen.

Die Schwester glaubte ihren Beweisgang schon genügend abgeschlossen, anerkannte aber die Verpflichtung, die in ihrem „Erstens" lag. „Und zweitens", antwortete sie, „zweitens hat der Herrgott eben nur den Wald dem Schneiderbauern zu eigen gegeben. Da aber doch anzunehmen ist, daß der Herrgott auch irgend etwas für die armen Leute getan hat — siehe, zwischen den großen Bäumen hat er solche Fichtlein und Tännlein wachsen lassen, die nie große Bäume werden, sondern mit der Zeit wieder eingehen. Das sind die Christbäume für die armen Leute. Für den Bauern sind sie nur Unkraut."

Da standen wir auch schon mitten im Hochwald an einem solchen kleinen Stümper von einem Tannenbäumlein. Ach, es war ein reines Miseräbelchen, sehr ungleich gewachsen, aber immerhin einen Meter und elf Zentimeter hoch. „Den nehmen wir!" sagte ich, zog mein Taschenmesser, kerbte ihn über der Wurzel genügend ein und brach ihn dann ab.

Auf dem Nachhausewege lief uns ein Hase über den Weg. Und da hatten wir ein sehr schweres Herz. Zu Hause verbargen wir den Baum auf dem Heuboden. Die Mutter hatte nur gemerkt, daß wir fortgegangen waren und nachher etwas versteckten. Wir wollten sie überraschen.

Am anderen Morgen mußte ich ins Dorf gehen, zu meiner Tante Agnes, die auf dem Schlegler Pfarrhof Wirtin war. Ich redete mir immer noch standhaft vor, daß ich kein Unrecht getan hätte. Das mit dem Hasen könne doch Zufall sein. Aber es zog mich in die Nähe meiner heiligmäßigen Tante. Wenn diese freundlich zu mir wäre und mir ein gutes Wort sagte, wäre es doch ganz offenbar, daß der Herrgott nicht etwa doch unfreundlich zu mir sein könnte.

Es war neuer Schnee gefallen. Ich zog mir wieder die großen Stiefel vom Bruder an, in denen ich die immer strumpflosen Füße besser in Stroh und Fußlappen betten konnte.

Die Tante war auch freundlich zu mir, aber nicht so, wie sonst immer. Denn sie hatte viel zu tun mit der Vorbereitung des Weihnachtsfestes. Sie wollte wirklich freundlich zu mir sein, und da sie gerade einen Teller voll saurer Gurken aus dem Keller brachte, sagte sie: „Josla, möchtest du eine? Dem Herrn Pfarrer schmekken sie immer so gut!"

Ich sagte: „Ja", indem ich dachte, daß mir der Herrgott die etwa notwendige Verzeihung wohl durch diese dem Herrn Pfarrer so wohlschmeckende, mir aber noch gänzlich unbekannte Sache kundtun wolle, und während die Tante immer wieder zwischen Küche, Kammer und Keller hin und her ging, biß ich in diese triefende, saure Saftigkeit hinein.

Da zog sich in Mund und Magen alles zusammen. Was ich ausspucken konnte, spuckte ich aus. Ich hatte einmal gehört, daß Gott den Engeln und den Teufeln dieselbe Speise reiche. Den Engeln schmeckte sie wie himmlische Seligkeit, den Teufeln wie höllisches Feuer.

Dennoch wollte ich nicht klein beigeben. Ich schlich mich in den Hof hinaus. Ob der Pfarrerhund die Gurke möchte? Der hatte doch ganz gewiß keinen Christbaum gestohlen. Und nebenbei mußte ich doch diese scheußliche Gurke irgendwohin tun. Ich konnte doch die Tante nicht beleidigen und ihr sagen, daß sie mir nicht schmecke!

Der Hund bellte wütend und rührte die Gurke nicht an, was mir bei meinen jetzigen Kenntnissen nicht verwunderlich ist. Damals aber ging ich sehr betrübt nach Hause. Ich sehnte mich nach der Mutter. Bei der war es letztlich doch immer am schönsten.

Die Mutter hatte nach meinem Weggang den Backofen angezündet, um nach dem täglichen Brote auch einige Striezel und Kuchen für das Weihnachtsfest zu backen. Es war aber keine rechte Hitze geworden, und sie war schon sehr in Sorgen, ob nicht die ganze Weihnachtsbäckerei mißraten würde. Da konnte die Mutter recht nervös werden, obwohl sie sonst eine ruhige

Frau war. Besonders wenn dann jemand die Haustüre öffnete, wodurch das Feuer im Backofen verschlagen wurde.

Da ging die Haustür auf. Sperrangelweit! Und herein trat der Schneiderbauer mit dem Schlegler Gendarm.

„Frau Wittig, wir wollten Sie bitten, zeigen Sie uns doch einmal Ihren Christbaum!"

Man sah damals den Gendarm nicht gern im Hause, und auch der gesetzestreueste Mensch von Neusorge konnte rasend werden, wenn er ihn nur kommen sah. Und gar erst in dem Augenblicke, in dem das tägliche Brot für die nächsten zwei Wochen und der Weihnachtsstriezel zu verderben drohten.

„Unseren Christbaum?" antwortete die Mutter — und ihr sonst schon eben so kampfbereites wie liebes Gesicht wird nicht gerade sehr sanft ausgesehen haben. — „Wir haben schon jahrelang keinen Christbaum gehabt. So reich sind wir nicht!"

„Seien Sie nicht böse, Frau Wittig", begütigte der Schneiderbauer, indem er die Haustüre zumachte, „aber es sind mir drüben im Busch mehrere schöne hochstämmige Tannenkronen abgeschnitten worden, und eine Spur von Jungenstiefeln führt bis zu Ihrem Hause."

Und der Gendarm: „Wo haben Sie denn Ihren Jungen? Wie? Nicht zu Hause? Haben Sie ein Paar Schuhe von ihm da? Ich habe die Spur gemessen."

O ihr gebenedeiten Sonntagsschuhe, die ihr mich bei eurer Engheit oft schmerzlich gedrückt habt! Ihr seid meine Rettung gewesen, denn euer Maß war schier um einen Zoll kleiner als die Spur meiner großen Treter.

„Na", sagte der Gendarm, seinen Maßstab wieder zusammenlegend, „das kann der Junge nicht gewesen sein. Wünschen Sie" — zum Schneiderbauern gewendet — „eine Haussuchung?"

Der Schneiderbauer tat nur einen raschen Blick in die Wohnstube und sagte dann: „Nein! Nichts für ungut, Frau Wittig. Wir haben uns geirrt."

Die Mutter war aber ungut, verabschiedete die Männer mit den Worten: „Kommen Sie ein andermal nicht erst her!" schloß die Tür hinter ihnen zu, lief auf den Heuboden, fand unser Versteck, fand den gestohlenen Christbaum und trug ihn gleich in die Glut des Backofens, warf auch noch einige Holzscheite in das prasselnde Feuer. Da sprühte der Christbaum tausend funkelnde Lichter, herrlicher als je ein Christbaum am Heiligen Abend, und die Holzscheite entzündeten sich, und die Weihnachtsbäckerei gedieh so schön wie selten einmal zu Weihnachten: die Striezel mit ihren goldbraunen Zöpfen lachten, und da lachte auch die Mutter.

Als ich heimkam, fragte die Mutter sogleich: „Bist du dem Gendarmen oder dem Schneiderbauern begegnet? Nein? Da ziehe sogleich deine Stiefel aus und lege sie zu dem alten Schuhwerk im Dachschlung!" Da fiel mir freilich das Herz vollends in die Hosen. Die Mutter zog es aber wieder in die Höhe, und zwar zunächst an meinen Ohren, die ja auch sonst eine ganz gute Verbindung mit meinem Herzen hatten, weshalb mir die Mutter gleich von ihrem Schreck erzählte – und von ihrer gut gelungenen Weihnachtsbäcke. Da mischte sich in meinem Herzen ein seltsames Tränklein von Schreck und Freude, von Reue und Triumph, von Gutem und Bösen, wie es eben in der Destillation eines Jungenherzens vorkommt, drei Tage, ehe der Erlöser kommt und, von ihm gesandt, der liebe Heilige Geist, der aus einem solchen Jungenherzen schon etwas machen kann.

Der Erlöser kam. Wir hatten ihm schon auf dem Wandbrett die Stadt Bethlehem samt den Hirtenfeldern und dem Stall aufgebaut, damit erfüllt werde das Wort: „Du Bethlehem bist keineswegs die geringste unter den Fürstenstädten Judas, denn aus dir wird hervorgehen der Fürst, der dein Volk regieren soll!" Der Vater war wieder aus der Waditzer Fabrik über den Neuroder Weihnachtsmarkt heimgekommen, hatte auch mehr als eine Tabaksprise verteilt, aber kein Christbäumlein dafür bekommen, da keines mehr übrig war, hatte sich dann weiter unterwegs Gedanken gemacht, zuerst traurige, nach und nach fröhliche und endlich richtig selige. So kam er heim, eigentlich genau wie sonst an Sonnabenden, in der blauen Werkbluse, darüber den Wochentagsrock, um den Hals ein dickes Schaltuch, auf dem Kopf eine Pudelmütze, in der Hand das zusammengeknüpfte Tüchlein mit dem geleerten Buttergefäß und – wie es sich gleich herausstellte – einem halben Pfund Knoblauchwurst. Aber es war in ihm und um ihn ein so wundervolles Leuchten, als ob er selber ein Christbaum mit vielen Kerzen wäre. Ich kann mich noch gut an dieses Weihnachten erinnern. Wir durften wieder aus der Stube in die Kammer gehen, um dort das Seligste einer richtigen Weihnacht zu erleben: das Warten auf das Christkind. Und wir durften nach einiger Zeit wieder in die Stube kommen, wo auf dem Tische die „Einbescherung" lag, nicht viele, aber lauter gute notwendige Sachen, dazu auch einige neubekleidete Püpplein älteren Jahrgangs für die Mädchen, und für mich ein frisch auflackiertes Pferdchen und der langersehnte Tuschkasten mit den herrlichsten Farben für zehn Pfennige. Das war alles wie aus Gold und Silber und Samt und Seide. Und die Eltern waren gut zu uns, und wir jauchzten vor Seligkeit. In der Stube brannte nur die Petroleumlampe und zwei

Kerzlein an der Krippe. Aber es funkelte doch alles. Der Vater nahm einen Weihnachtsstriezel in die Hand und sagte zur Mutter: „Der ist aber gut geraten, Hanne! Der glänzt ja ordentlich vor lauter Schönheit!" Da sagte die Mutter: „Ich habe ja auch unsern Christbaum eingebacken!" – und erzählte nun dem Vater die Geschichte vom gestohlenen Christbaum.

Der Vater mußte sich immer das pädagogische Gesicht, wenn er eins zeigen wollte, mühsam aufzwingen. Da es aber heute Weihnachten war, tat er sich keinen Zwang an und sagte nur zu mir: „Dieses Bäumlein hätte dir der Schneiderbauer sicher geschenkt, wenn du ihn darum gefragt hättest!" Dann sann er ein wenig nach und erzählte, was er auf dem Heimweg erfahren hatte: „Die Armut selber ist der echteste Christbaum. Sie ist nicht bloß ein graues, zerrissenes und dunkles Ding, sie kann auch sehr schön leuchten. Ich wäre heute nicht so glücklich, wenn ich nicht mein ganzes Leben lang so arm – und so reich gewesen wäre." Er wollte ja wohl noch etwas ganz anderes sagen.

Ich mußte daran denken, als ich vor einigen Jahren erfuhr, daß ein Buch von mir in mehreren tausend Stuben die schönste Weihnachtsfreude gewesen sei. Und was hatte ich in dem Buch geschrieben? Ach, sonst weiter nichts, nur lauter Lichtes und Liebes, das aus der Armut meiner Eltern in mein ganzes Leben geleuchtet hat.

Es leuchtete an jenem Heiligen Abend ein herrlicher Weihnachtsbaum in unserer Stube.

Die Alles-Stube

Käthe Kruse

In Breslau in der Gartenstraße bin ich geboren. In Breslau verlebte ich meine Jugendjahre. In einem Buch, wie ich es hier schreibe, ist es wohl üblich, das Wort „Jugend" mit einem Beiwort zu versehen, und ich habe mir sagen lassen, es herrsche die Sitte, von der „glücklichen" oder „sonnigen" oder wenigstens der „unwiederbringlichen" Jugend zu schreiben. Wenn man mich fragt, wüßte ich meine Jugendzeit nicht anders denn als unglücklich zu bezeichnen, und ich möchte meine frühen Jahre nicht noch einmal leben. Es liegt auf ihnen ein dumpfer Druck. Nicht weil sie ärmlich und dürftig in den äußeren Verhältnissen waren. Sie waren es. Aber das macht einem Kinde nichts aus. Auch nicht, weil ich beim Beginn meiner Schulzeit erfahren mußte, daß ich anders war als die anderen Kinder, die einen „richtigen" Vater hatten. Nein, ich glaube, daß es an mir allein gelegen hat, daß ich meine Jugend nicht glücklich nennen kann. Ich habe von meiner Mutter Eltern, die Bauersleute waren, wohl jene Erdkraft mitbekommen, die mich standfest und beharrlich sein läßt, die aber auch die Neigung in sich begreift, dies und jenes schwerer zu nehmen, als andere es vielleicht tun. Ich kann es mit Worten nicht erklären, aber ich denke, meine Erzählung wird es begreiflich machen, daß ich meine Jugend nicht glücklich nennen kann.

Meine Großeltern Simon habe ich nicht gekannt und weiß von ihnen nur aus den Erzählungen meiner Mutter. Im Jahre 1866 starben sie beide binnen einer Woche an der Cholera, die in jenem argen Jahre auch den bescheidenen Hof in Laskowitz bei Ohlau heimsuchte, auf dem meine Mutter und ihre sechzehn Geschwister das Licht der Welt erblickt hatten. Meine Mutter war zwölf Jahre alt, als sie die Eltern verlor. Schwer mußte sie sich durchschlagen, bis sie endlich auf eigenen Füßen stand. Von ihren Geschwistern, die nicht alle das erwachsene Alter erreichten, habe ich fast nur meine Tante Paula gekannt, die für mein künftiges Leben eine wichtige Rolle gespielt hat.

In jeder besseren Selbstbiographie wird — vielleicht in Befolgung einer geheimnisvollen und nur den zünftigen Selbstbiographen bekannten Regel — des Augenblicks gedacht, bis zu dem die früheste Erinnerung zurückreicht. Bei Heinrich Zille steht an der Schwelle des erwachenden Bewußtseins eine Schar von Spatzen mit goldenen Hütchen, bei Wladimir Korolenko ist ein großer Brand der erste im Gedächtnis haftende Eindruck, und Wilhelm von Kügelgens, des „alten Mannes", erste Erinnerung ist der Aufbruch zu einer Reise, bei dem der Großvater ihm eine kleine Bernsteinpfeife schenkte. In meiner frühesten Jugenderinnerung sehe ich mich auf meinem kleinen Stühlchen mit der runden Lehne an der Bordschwelle in der Gartenstraße sitzen und in das grüne Blattwerk vieler Bäume schauen. Um mich her waren große Aufregung und Unordnung. Neben mir wurde ein Möbelwagen beladen. Ich erlebte den ersten Umzug. Allzu groß kann der Wirrwarr, der mir als ein wahrer Tumult erschien, in Wahrheit allerdings nicht gewesen sein, denn meine Mutter besaß ja schon damals nicht mehr, als in dem dürftigen Stübchen einer armen kleinen Näherin Platz hat. Für mich aber war es die Welt, die nun umgeschaffen wurde. Wir zogen aus der Gartenstraße in die Friedrichstraße, unmittelbar am Bahndamm, auf dem den ganzen Tag die Züge vorbeifuhren — warum und wieso vermag ich heute nicht mehr zu sagen. Einige Jahre später — ich war gerade schulpflichtig geworden und begann die Evangelische Mädchen-Mittelschule in der Tauentzienstraße zu besuchen — brachte uns ein weiterer Umzug in das Haus in der Teichstraße, das für mich dann zu der wahren Stätte meiner Jugend und zu meiner eigentlichen Heimat geworden ist. An die Teichstraße denke ich zurück, wenn ich von meiner Jugendzeit spreche.

Ich denke dann zurück an die Stube, an das „Kleine-Leute-Milieu", das jeden der dichtenden oder malenden Vertreter des damals aufgekommenen Naturalismus entzückt hätte. Deutlich sehe ich sie noch vor mir, die bescheidenen Mahagonimöbel, unsere dürftige Habe in der Stube, in der unser ganzes Leben sich abspielte. Die Mutter an der Nähmaschine, oft mit vor Müdigkeit geröteten Augen und doch um des Verdienstes willen dankbar, wenn die Arbeit oft bis in die tiefe Nacht nicht enden wollte; das Lehrmädchen auf seinem wackligen Stuhl am Fenster; ich in einer Ecke bei den Schularbeiten. Und wenn die Stunde dazu heran war, wurde auch noch gekocht in diesen einzigen vier Wänden, die nach einem langen Tag uns zu kurzem Schlaf umschlossen. Nein, es war nicht schön, und heute noch ist mir die Stimme meiner Mutter im Ohr, wenn sie, todmüde auf ihr Bett gesunken, manchmal leise in die Dunkelheit seufzte: „Wenn man doch nicht wieder aufzuwachen brauchte..." Doch wie rührend liebevoll war sie um mich besorgt. Ich konnte nicht einschlafen, ohne ihre Hand zu halten. Oft aber wartete zu meiner Schlafenszeit auf ihre Hände noch die Nähmaschine; dann zog sie ganz sacht die Hand zurück, vorsichtig, bis ich nur noch einen Finger hielt, und dann kam eine kleine Aushilfe, wie sie ganz ihrem praktischen Sinn

entsprach: statt des Fingers steckte sie mir, der schon halb Schla-
fenden, den Stiel eines Kochlöffels in die Kinderhand.

Mochte es noch so spät geworden sein, an jedem Morgen galt es
wieder, an der alten, klapprigen Nähmaschine vom damals schon
vorsintflutlichen System Wehler-Wilson zu sitzen, die uns mit ihren ewigen Mucken Sorgen und Nöte bereitete, galt es den Kun-
dinnen, die zur Anprobe kamen, ein freundliches Gesicht zu zeigen. Achtzehn Mark Arbeitslohn für eine große Abendtoilette
waren damals das höchste der Gefühle, und das ist auch dann
nicht viel, wenn man selbst berücksichtigt, daß in jenen märchen-
haft fernen Tagen eine Gans sechzig Pfennig für das Pfund kostete, und man für einen Groschen im Fleischerladen eine Portion
„Zervelatwurst geschnitten" bekam. Zur Gans haben wir es nie
gebracht. Ja, ich habe damals die Nähnadel nicht lieben gelernt!
Ich habe ihr nie unsere Armseligkeit, nie die zerstochenen Finger
meiner Mutter, nie die traurigen Seufzer in der nachtdunklen Stube vergessen können. Gewiß, ich habe auch nähen gelernt; aber es
ist nicht nur Glück im Spiel gewesen, sondern oft auch ein bißchen List, wenn es mir in meinem späteren Leben immer wieder
gelang, andere zu finden, die mir die Knöpfe annähten.
Ob ich mich dann auf die Sonntage freute? Brrrr, die Sonntage!
Am Sonntag wurde aufgeräumt und groß reine gemacht in unserer Alles-Stube. Unglaublich, aus welchen Ritzen immer noch
Stecknadeln zum Vorschein kamen, unfaßlich, wohin alles sich
noch Fussel und Stoffetzchen verkrochen, unbegreiflich, wieviel
Staub in einer Nähstube umherwirbelt. Meine besondere Sonn-
tagsaufgabe war das Abstauben der Nippes auf dem Vertiko. So
seltsam es scheinen mag: bei all unserer Armut hatten wir Nippes,
wie mir damals vorkam, in solchen Mengen, daß mir das Abstauben dieser ungezählten kleinen Scheußlichkeiten bevorstand wie
eine Sisyphusarbeit.

Der Tag, dem ich mit einer gewissen Spannung entgegensah,
war der Freitag. Es war der Tag, an dem ich meinen Vater zu sehen pflegte. Wenn die übliche Mittagsstunde gekommen war,
machte ich mich auf den Weg zum Rathaus. Am Haupteingang
links neben der Freitreppe konnte ich von der steinernen Bank
aus das Fenster der Amtsstube meines Vaters gerade erreichen
und mit der Hand an die Scheibe klopfen. Dann tauchte mein Vater auf, nickte mir zu und bald darauf erschien er in dem Rathaus-
tor. Ich durfte ihn bei seinen kleinen Einkäufen begleiten, denn er
besuchte meine Mutter nie, ohne ihr diese oder jene nützliche
Kleinigkeit mitzubringen. Meist waren es Beiträge zu den Speise-
kammervorräten, und am liebsten war es mir, wenn mein Vater

den Weg zum altbekannten Käse-Böhm einschlug, weil dann immer schon vorweg etwas für mich abfiel. Hartnäckig weigerte sich meine Mutter aber, anderes von meinem Vater anzunehmen als solche Ergänzungen unseres Speisezettels. Sie setzte bei aller großen Liebe zu meinem Vater ihren Stolz darein, sich und mich aus eigener Kraft durchs Leben zu bringen.

Oft, besonders im Sommer, nahm mich mein Vater auf meilenweite Spaziergänge mit, die ihn und mich nicht selten überanstrengten. Todmüde langten wir dann in der Teichstraße an, aber nie ohne einen prächtigen, großen Feldblumenstrauß, den ich nach den Anweisungen des Vaters gepflückt und gebunden hatte. Am schönsten fand ich die Zeit, als mein Vater von Amts wegen mit der Lohnauszahlung an die in dem damals gerade entstehenden Südpark beschäftigten Arbeiter und Gärtner zu tun hatte. Mit kindlicher Freude und eifrigem Interesse verfolgte ich das Entstehen und Heranwachsen dieser hübschen Grünanlage, die dann dem südlichen Breslau das Gepräge der Gartenstadt gab.

Aus dem Leben eines jüdischen Mädchens

Edith Stein

Meine Eltern wohnten seit anderthalb Jahren in Breslau, als ich am 12. Oktober 1891 zur Welt kam. Im Juli 1893 starb mein Vater. So war ich für meine Mutter das letzte Vermächtnis meines Vaters. Ich schlief bei ihr im Zimmer, und wenn sie abends müde aus dem Geschäft heimkam, dann war ihr erster Weg zu mir. Ja, wenn ich krank war, nahm sie sich kaum Zeit, den Mantel abzulegen, setzte sich zu mir auf den Bettrand und ließ sich das einfache Abendessen dorthin bringen.

Der Holzplatz war das Reich meiner Mutter. Bis der Achtstundentag gesetzlich eingeführt wurde, war das Geschäft geöffnet, solange es Tag war. Nur zu einer kurzen Mittagspause kam sie (und kommt sie noch heute) nach Hause. Eine kleine Holzbude war, so lange das Lager auf der Rosenstraße war, das „Kontor". Als es nach der Elbingstraße auch noch auf einen gemieteten Platz verlegt wurde, kaufte man ein etwas größeres, transportables Holzhäuschen. Schließlich konnte es meine Mutter wagen, einen großen eigenen Lagerplatz, der ihr angeboten wurde, zu kaufen. Dort wurde ein fester, gemauerter Schuppen und anschließend ein Kontor gebaut. Einen großen Teil des Tages war meine Mutter aber immer im Freien. Sie ging mit den Kunden umher, um die gewünschten Waren auszusuchen, vermaß und berechnete, was ausgesucht war; sie war zugegen und legte mit Hand an, wenn Wagen ausgeladen und die neuen Sendungen eingeräumt wurden; und wenn ein Handwagen mit Brettern – von einem Arbeiter und, in früheren Jahren, von einem großen Hund gezogen – hinausfuhr, half sie von hinten stoßen, bis er zum Tor hinaus war. Auf dem geräumigen, eigenen Grundstück konnte sie es sich auch gönnen, einen Teil für Gemüse- und Obstbau zu nehmen. Noch heute ist es ihre Freude, sich täglich von dem Wachstum zu überzeugen und Erdbeeren, Bohnen, Erbsen und Tomaten selbst zu pflücken. Gewiß hat der ständige Aufenthalt in frischer Luft dazu beigetragen, sie bis ins hohe Alter rüstig und frisch zu erhalten. Auch bei bitterer Winterkälte kam sie gewöhnlich mit warmen Händen nach Hause und konnte mir noch die meinen wärmen. Das ist mir immer ein Symbol dafür gewesen, daß alles Leben und alle Wärme im Hause von ihr kam. Aber rechtschaffen müde war sie, wenn sie abends heimkam. Zuerst mußten immer die Schuhe von den schmerzenden Füßen. Zum Abendessen nahm sie am liebsten nur Tee und Butterbrot. Und wenn nichts Dringendes vorlag, ging sie dann bald zu Bett. Dabei sagte sie gewöhnlich mit großem Behagen: „Das Beste auf der Welt ist mein Bett."

In unserer Kindheit spielte die Schule eine große Rolle. Ich glaube fast, daß ich mich dort heimischer fühlte als zu Hause. Unser Schulhaus auf dem Ritterplatz war ein ehemals Schaffgotsch-'sches Palais, moderner Schulhygiene wenig entsprechend, aber mit romantischen Ecken und Winkeln. Gegenüber lag das schöne Kloster der Ursulinen; auf dem freien Platz davor, unter den hohen, alten Bäumen durften wir um 10 Uhr, in der „großen Pause", spazierengehen. Der gestrenge Herr Direktor (im Schülerjargon „Rex" genannt), die Lehrer und Lehrerinnen kannten schon unsere älteren Schwestern und von den An- und Abmeldungsbesuchen meine Mutter. Und auch wir waren durch die Erzählungen der älteren Geschwister schon mit der Schule vertraut und verwachsen, ehe wir noch hineinkamen. Die Klassengefährtinnen schließlich teilten mit uns die Freuden und Leiden des Schullebens, die ja die Erwachsenen doch in ihrer Bedeutung nicht mehr fassen können: die Spannung vor den wöchentlichen „Klassenarbeiten" und die bange Erwartung der Rückgabe; und dann die großen Ereignisse des Schuljahres: die Trimesterzeugnisse und die Versetzung. Am Ende des Schuljahres wurden alle Klassen in der großen Aula versammelt. Es gab eine Schlußandacht, und der Direktor verlas die Liste der „Versetzten", von der untersten Klasse angefangen, für jede in der Reihenfolge der Klassenplätze, so daß man hier zugleich erfuhr, ob man „herauf-" oder „heruntergekommen" war. Schließlich wurde aus jeder Klasse eine der besten Schülerinnen vorgerufen und empfing aus der Hand des Direktors eine Prämie. Es war für mich immer ein sehr peinlicher Moment, wenn ich zwischen den dichtgedrängten Reihen der Schülerinnen hindurchgehen mußte bis ganz vorn hin vor das Podium, auf dem das versammelte Lehrerkollegium saß; wenn alle Augen von vorn und von hinten sich auf einen richteten, während der Direktor einige freundliche Worte sprach.

Ich legte auch auf die Prämie weniger Wert als auf den Klassenplatz, so sehr ich mich über jedes neue Buch freute. Meine Schwestern, Cousinen und Freundinnen aber begrüßten mich mit freudigem Stolz, wenn ich wieder in der Menge untertauchen durfte. Auch das Vorzeigen der Zeugnisse zu Hause erweckte in mir gemischte Gefühle. Mutter und Geschwister begrüßten die guten Noten mit lebhafter Freude und beschenkten uns dafür; aber ich mochte es nicht, daß so viel Wesens davon gemacht wurde und daß alle Verwandten und Bekannten davon erzählt bekamen.

Zu den großen Ereignissen des häuslichen Lebens gehörten neben den Familienfesten die hohen jüdischen Feiertage: vor allem das Peßach- (= Paschafest), zeitlich etwa mit Ostern zusammenfallend, sowie das Neujahrsfest und der Versöhnungstag (im September oder Oktober je nach der Verschiebung des jüdischen zum gregorianischen Kalender). Es ist den meisten Christen nicht bekannt, daß das „Fest der ungesäuerten Brote", die Erinnerung an den Auszug der Kinder Israels aus Ägypten, noch heute so gefeiert wird, wie der Herr es mit den Jüngern feierte, als er das allerheiligste Altarsakrament einsetzte und von ihnen Abschied nahm. Es wird zwar kein Osterlamm mehr geschlachtet, seit der Tempel zu Jerusalem gefallen ist, aber noch immer verteilt der Hausherr unter den vorgeschriebenen Gebeten das ungesäuerte Brot und die bitteren Kräuter, die an die Trübsal der Verbannung erinnern, segnet den Wein und liest den Bericht über die Befreiung des Volkes aus Ägypten vor. Mit der eigenwilligen Konsequenz, die dem jüdischen Geist eigen ist, sind die Festbräuche ausgebaut worden: eine ganze Woche lang wird kein gesäuertes Brot und auch sonst nichts Gesäuertes genossen oder auch nur im Haus geduldet. Natürlich braucht eine vielköpfige Familie einen großen Vorrat an ungesäuerten Broten („Mazzen"). Sie werden in großen Bäckereien nach bestimmten Vorschriften und „unter Aufsicht des Rabbinats" hergestellt. Wir bekamen sie schon einige Zeit vor dem Fest in großen Rollen von braunem oder grauem Papier, sie durften aber vor dem ersten „Sederabend" (nach der festen Ordnung genannt, nach der das Mahl gehalten wird) nicht angerührt werden. Am Rüsttage vor dem Fest wird das ganze Haus auf den Kopf gestellt. Es wird alles Gesäuerte entfernt, die letzten Brotkrumen werden zusammengefegt und verbrannt. Damit nicht genug: es wird alles Geschirr auf den Speicher oder in den Keller gebracht und dafür anderes herbeigeholt, das das ganze Jahr geruht hat und nun gründlich gesäubert werden muß. (In meinen Kinderjahren wurde das alles bei uns so gehalten; später haben die liberalen älteren Geschwister meiner Mutter manches „abgehandelt".) Die Hausfrauen haben an solchen Rüsttagen viel Arbeit und sind froh, wenn der Abend und damit das Fest endlich anbricht. (Die jüdischen Feste beginnen am Vorabend, wenn der erste Stern am Himmel steht.)

Wir Kinder freuten uns natürlich immer sehr auf diese Unterbrechung des Alltagsdaseins, begrüßten die Töpfe und Schüsseln, die wir ein Jahr lang nicht gesehen hatten, und freuten uns auf die guten Gerichte, die es nun während dieser Zeit gab. Allerdings wurde die Woche doch recht lang, und es war wiederum ein Fest, wenn das langentbehrte Butterbrot zum erstenmal wieder auf den Tisch kam.

Wir feierten 1911 das 100jährige Jubiläum unserer „Schlesischen Friedrich-Wilhelms-Universität". Sie war 1811, in der Zeit der Franzosenherrschaft, von Friedrich Wilhelm III. begründet worden, nicht als völlige Neugründung, sondern durch Zusammenlegung der protestantischen Universität Frankfurt a/O., einer Schöpfung der Reformationszeit, mit dem Breslauer Jesuitenkolleg, der „Leopoldina", von Kaiser Leopold zu Ende des 17. Jahrhunderts eingerichtet. Ihr verdankten wir das schöne alte Gebäude mit den dicken Mauern und tiefen Fensternischen, dem üppigen Barockschmuck der „Aula Leopoldina" und des Musiksaals. Wie festlich waren offizielle Feiern — Kaisers Geburtstag, Rektoratsübergabe — in diesen Räumen, wenn zu der Farbenpracht der Wand- und Deckengemälde und der reichen Stuckverzierung das bunte Bild der Studenten „in Wichs" kam, der Chargierten, die mit ihren Fahnen die Fensternischen füllten, und wenn schließlich der ganze Lehrkörper einzog, voraus der Pedell mit seinem dicken Stabe, hinterdrein der Rektor, die Dekane und Dozenten mit Talaren und Baretts in der Farbe ihrer Fakultät, manche noch mit einer breiten, bunten Schärpe über der Brust, dem Abzeichen des Ehrendoktorats (meist von amerikanischen Universitäten)!

Das alte graue Gebäude an der Oder (vor einigen Jahren hat man es „im Stil der Zeit" gelb angestrichen) war mir schnell eine liebe Heimat geworden. In freien Stunden setzte ich mich gern in einen leeren Hörsaal auf eins der breiten Fensterbretter, die die tiefen Mauernischen ausfüllten, und arbeitete dort. Von diesem Hochsitz konnte ich auf den Fluß und die belebte Universitätsbrücke hinaussehen und kam mir vor wie ein Burgfräulein. Ebenso heimisch fühlte ich mich in dem nahegelegenen, ebenso ehrwürdigen Konviktgebäude, wo wir das psychologische und philosophische Seminar hatten, und in der Universitätsbibliothek, einem ehemaligen Augustinerchorherrnstift in der Sandstraße. Daneben liegt die Sandkirche, ein schwerer, frühgotischer Bau. Er ist die Dompfarrkirche, und gleich dahinter führt die kleine Dombrücke auf die Dominsel. Das ist eine stille, in sich abgeschlossene Welt. Die breite, gerade Domstraße führt von der Dombrücke an der Kreuzkirche mit ihrem schlanken, nadelspitzen gotischen Turm vorbei zum Hauptportal des Domes. Zu beiden Seiten liegen die niedrigen vornehm-schlichten Häuser der Domherrn, zunächst dem Dom das Palais des Fürsterzbischofs. Ich wählte gern den Weg über die Dominsel. Ich fühlte mich dort wie in einer Welt der Stille und des Friedens und wie in längst vergangene Jahrhunderte zurückversetzt. In die schönen Kirchen aber ging ich nicht hinein, vor allem nicht, wenn Gottesdienst darin war. Ich hatte ja dort nichts zu suchen und hätte es taktlos gefunden, andere in ihrer Andacht zu stören.

Ich sah in der Universität wirklich meine „alma mater", und so war es mir eine große Freude, an ihrem Jubelfest teilzunehmen. Natürlich waren wir bei dem großen Festakt in der Aula zugegen. Einige Bedenken gab es wegen der Teilnahme an dem Festkommers. Dafür war ein Riesenzelt auf dem Exerzierplatz vor dem königlichen Schloß aufgeschlagen, weil kein Saal groß genug war, um die Menge der „Alten Herren" zu fassen, die zum Fest herbeiströmten. Im Studentinnenverein gab es große Beratungen; wir hatten Nachrichten aus Berlin, daß dort im vorausgegangenen Jahr beim Jubiläum der Berliner Universität der Kommers wenig schön verlaufen sei. Wir sagten darum zunächst ab. Nun kam eine zweite Einladung „Seiner Magnifizenz", des Herrn Rektors: er würde doch sehr ungern die Studentinnen vermissen und wolle einige Professorendamen mit an unsern Tisch setzen, um uns gegen alle Unannehmlichkeiten zu schützen. Nun versprachen wir unser Erscheinen, die „Bemutterung" aber lehnten wir als lächerlich ab. Wir wollten so lange bleiben, bis die eigentliche „Fidelitas" anfinge, und uns dann still zurückziehen. Das ging sehr gut. Der Tisch mit den weißgekleideten Mädchen zog natürlich die Aufmerksamkeit aller Alten Herren auf sich, die in dem großen Zelt umhergingen und sich nach alten Bekannten umsahen: so etwas hatte es ja „zu ihrer Zeit" nicht gegeben.

Spindlerbaude

Traud Gravenhorst

Ja, das waren noch andere Zeiten im Riesengebirge, als wir Kinder waren!

Da war nur eine einzige große, unerschöpfliche Einsamkeit, weite steile Wiesenpläne und ein geheimnisvoller, schwarzer, wunderbarer Wald! In den Falten der Berge — sorgfältig eingerückt vor Sturm und Lawinen — hockten die kleinen Viehbauden drei, vier, fünf beieinander. Grau und verwittert wie Pilzfamilien sahen sie aus, und uns Kindern schien es, als wären sie aus der Erde gewachsen wie die dahinterstehenden, leise schwingenden Fichtenstämme. Ja, so erdfarben und unscheinbar waren diese Hütten, daß man sie von weitem gar nicht als Wohnhäuser erkannt hätte, wären nicht ab und zu hellgrün scharf umgrenzte Vierecke in ihrer Nähe gewesen, die anzeigten, daß hier planmäßige Wiesenwirtschaft getrieben wurde.

Aber es gab auch Bauden, die das Futter stehen ließen, und wo das Vieh sich selbst verschaffte, was es zum Leben brauchte. Das waren meist die hochgelegenen Kammbauden, wo das Gras hart und spärlich wuchs und so moosdurchsetzt war, daß es sich nicht mehr verlohnte, Heu zu machen.

Eine solche Baude war auch die uralte, wettererprobte Spindlerbaude auf dem breiten, verkehrswichtigen Paß, die wir Kinder sehr liebten. Sie war wie alle Häuser im Gebirge aus gewaltigen unzerstörbaren Fichtenstämmen zusammengesetzt und obendrein gegen Sturm und Schnee eindringlichst mit Holz verschalt. Vielleicht war sie ein bißchen größer und stattlicher als die anderen Bauden, besonders als die um sie verstreut liegenden übrigen Spindlerbauden; so habe ich sie wenigstens in Erinnerung. Die Hollmanns, hieß es immer, wären reiche Leute, hätten nicht einen Heller Schulden und bezahlten ihre Steuern fast pünktlich. Kein Wunder, daß die früh verwaiste einzige Erbin als reiches Mädchen galt, hüben wie drüben. Hüben war Preußen und drüben das alte, von uns sehr ins Herz geschlossene kaiserliche Österreich.

Gottlob, jetzt war sie schon zu sehen mit ihren vielen gleichmäßigen Fenstern, ihrem abfallenden Dach, gewaltig groß gegen den weißblauen Himmel, und die kleinen fünf- und sechsjährigen Beinchen mühten sich, die letzten hundert Meter des schier endlosen Weges vom Tal herauf neu beschwingt zu erklettern. Aber da gab es ganz unerwartet einen Puff, daß man glaubte, umfallen zu müssen. Der Wald war zu Ende, wilder Sturm tobte pfeifend über den Kamm. Hilfesuchend griffen die kleinen Hände nach denen der Großen. Jetzt war es nicht mehr möglich, auch nur das kleinste Gänseblümchen zu pflücken, und an den schön gefiederten Köpfen des Teufelsbartes war man gezwungen, nur aus den äußersten Augenwinkeln schielend, vorüberzugehen. Trotzdem stolperten die kleinen Beine natürlich über die vielen spitzen Steine da oben und: „Paß doch auf den Weg auf", hieß es dann. Das Kindermädchen Emilie hatte nicht gerade ein biegsames Handgelenk.

Atemlos, mit hochroten Backen und zerzausten Haaren wurde man endlich durch die nur mühsam offenzuhaltende Eingangstür in die Baude geschoben.

Da war zunächst ein hölzerner Vorraum, auf der einen Seite verglast, ich weiß nicht mehr, wie die Leute ihn nannten, und dann kam man in den mit großen Steinen ausgelegten halbdunklen Flur, in dem es erst schwer war, sich zurechtzufinden.

Hier war lautes, geschäftiges Treiben: gewaltig knallten die eisenbeschlagenen Stiefel der Männer aufs Pflaster, schwirrten die rauhen Stimmen der Träger durcheinander, war der Lärm aus Küche und Ställen zu hören. Und hier roch es auch endlich warm und köstlich, wie wir Kinder es nannten, nach Baude.

Es ist nicht zu sagen, was das für ein Geruch war. Wahrscheinlich setzte er sich aus dem Duft des Holzes und dem Geruch von Pferden und Kühen, von Pfeifentabak und Bergkräutern zusammen. Aber es können wohl noch hundert andere Ingredienzien dabei gewesen sein.

Im Vorraum stellten die Männer ihre Traglasten ab. Manchmal hatten sie das Gepäck von Bergsteigern darauf, die am selben Tage noch bis zur Schneegrubenbaude wandern wollten, oder gar über die Koppe bis zum Riesengrund; aber meistens trugen ihre Kraxen Kisten mit Käse und Butter oder Waren, die sie in den Tälern geholt hatten und übers Gebirge in entferntliegende Bauden oder auch in das Nachbarland befördern wollten, von hüben und von drüben. Sie setzten sich dann auf die Bänke an der Wand, einen Holztisch vor sich, und löffelten langsam und bedächtig einen großen, irdenen Topf Kaffee mit Milch aus, in den sie ihre mitgebrachten dicken Brotkanten einbrockten. Die Kinder staunten, daß die lange, dunkle Tabakspfeife dabei nicht aus dem Munde fiel, sondern im Gegenteil sehr friedlich und munter weiterqualmte. (Sie hing ganz fest und sicher in einer der unteren Zahnlücken.)

Auch war es sehr zu verwundern, was diese dunklen, holprigen Gebirge von Männergesichtern für himmelblaue, kleine Augenseen hatten. Damit lächelten sie den Kindern freundlich zu, wenn sie vorsichtig mit neugierigen Blicken an ihnen vorübergingen.

Die Gaststube — die Baudenleute nannten sie noch immer die Spinnstube — war ein großer viereckiger Raum mit vielen Tischen und Stühlen und einer rings um die Wände verlaufenden Bank. Das Auffallendste darin — gleich, wenn man hereinkam, sah man es — waren die beiden in Gold gerahmten Bilder vom Kaiser und von der Kaiserin von Österreich. Die hingen dicht unter der dunklen Balkendecke, etwas schräg, damit sie besser zu sehen waren.

Der Kaiser hatte einen großen Bart. Die Kinder liebten Bärte nicht. (Es war scheußlich, Männern mit Bärten einen Kuß geben zu müssen.) Aber die Kaiserin war schön, ja rätselhaft schön, mit dem unwahrscheinlich langen blauschwarzen Haar über dem Rücken und der schweren Zopfkrone auf der Stirn, daß man darüber fast den großen, hölzernen Rübezahl vergessen hätte, der auf dem Wandbrett in der Zimmerecke nach Bewunderung verlangte.

Franziska Hollmann kam sofort mit ihren blanken, roten Bakken und dem brauen, krausen Haar und gab den Kindern die Hand, einem nach dem andern. Sie kannte sie alle ganz genau und nannte sie mit Namen, und das gab ihnen ein Gefühl, als wären sie von Olims Zeiten her mit ihr verwandt. Dann ging Franziska lachend und plaudernd zum Herd zurück und briet über dem offenen, gewaltig roten Feuer die herrlichsten, knusprigsten, goldgelben Eierkuchen, die man sich nur denken konnte. Dazu gab es Himbeersaft, duftenden Gebirgshimbeersaft für die Kinder und Brot und kleine runde Käse für die Großen.

Nach dem Essen sollten die Kinder ein wenig ausruhen; denn sie waren ja fast drei Stunden tüchtig geklettert. Das schmale, weißgekalkte Zimmerchen neben dem Boden roch nach Heu, und die mächtigen, ein bißchen feuchten Ober- und Unterbetten waren auch ungewohnt und interessant. Aber draußen auf der großen Wiese meckerten die Ziegen, und durch das kleine Fenster am Kopfende der Betten war deutlich zu sehen, wie ein Schwein mit einer Wurzelbürste bearbeitet wurde und fürchterlich dabei schrie. Und vom Walde herüber kam jetzt die rotbunte zahlreiche Viehherde der Baude gezogen und bimmelte so verführerisch mit ihren großen, bronzenen Glocken. Wer hätte da schlafen können?

Alle Müdigkeit war vergessen, die kleinen Beinchen taten gar nicht mehr weh. Mit einem Ruck waren die Kleider wieder übergestreift, und nun kam das Schönste vom Tage: Der Wind hatte sich gelegt, die Kinder durften mit all dem Getier auf dem Baudenplan herumspielen.

Was die Kühe für eigenartige blonde Wimpern hatten, und wie schnell die Ziegen beim Fressen ihre schmalen Unterkiefer hin- und herschoben! Und was war das für ein wunderbarer Geruch, wenn man sich ins Gras fallen ließ und mitten in lauter kleinen, lila Blütenköpfen liegen blieb!

Würde man das Summen der dicken, samtenen Hummeln jemals wieder vergessen können?

Nein, daß es Menschen gab, die freiwillig in der Stadt blieben! Und wie der Wind jetzt brauste in dem großen, schwarzen Wald da drüben hinter der letzten Spindlerbaude!

Die Berge ringsum waren plötzlich ganz blau geworden, richtig veilchenblau, und sahen so unwirklich durchsichtig aus, als wären sie gar nicht aus Erde gemacht. Die Kinder mußten mit Spielen innehalten. Eins von ihnen hatte das weiße Ziegenböcklein mit den schwarzen Füßen fest an sich gedrückt und kauerte mit weit offenen Augen still und verzückt in dem hohen Heidelbeerkraut. Schauer flogen über die kleinen Seelen. –

Aber da war inzwischen der Schwarze eingetroffen, der Schreier-Franzel, und das gab natürlich einen Aufruhr unter den Kindern.

Man wußte ja, daß man sich nicht vor ihm zu fürchten brauchte. Wenn er sich auch nicht wusch, so rieb er sich doch mit den verschiedensten Salben ein, und das sollte ebenso gut sein und sauber halten wie Wasser. Wie oft hatten die Kinder dies sagen hören. Auch daß er keiner Fliege etwas zu leide tat, war weit und breit bekannt. Aber es war dann doch, lieber Gott, im ersten Augenblick ein rechter Entschluß, ihm die Hand zu geben und sie nicht hinterher wenigstens am Kleide abwischen zu dürfen – denn das hätte er doch gemerkt – und auch freundlich zu lachen, ohne daß die Mundwinkel zuckten.

Die Kinder gewöhnten sich ja dann immer wieder sehr schnell an die unheimlich schief stehenden kohlschwarzen Vogelaugen, an das kleine, runzlige Tatarengesicht mit den vielen struppigen, dunklen Haaren. Ja, die Kinder wurden allmählich übermütig im Genusse ihrer eigenen Tapferkeit und baten den Schreier-Franzl, Geschichten zu erzählen.

Wer der Schreier-Franzl war, hatten die Kinder längst von Franziska gehört.

Vor vielen, vielen, endlos langen Jahren hatten Baudenleute ihn als schreiendes kleines Bündel, nicht weit von der Spindlerbaude, gefunden, so hatte Franziska erzählt. Die Hollmanns hatten dafür gesorgt, daß der Zigeunerfindling getauft wurde, und da man keinen anderen Namen wußte, hatte man ihn Schreier genannt. Den Namen Franz hatte er dann noch dazu bekommen, weil fast alle Männer dort oben Franz hießen, wenigstens gut die Hälfte, die andere Hälfte hieß Joseph oder Johann. Wie hätte man auch besser heißen können?

In die Schule hatte der Franzel nicht zu gehen brauchen. Er hätte weit laufen müssen, damals, wohl gar bis nach Spindelmühle hinunter.

So wuchs er mit dem Vieh auf, lernte Holz hacken und Hörnerschlitten bauen, und später ging er mit Lasten übers Gebirge. Alle Butter, die auf den Spindlerbauden gemacht wurde, trug er bis nach Warmbrunn oder Hirschberg. Das waren täglich viele Stunden Wegs.

Aber sah er nicht doch fremd und unheimlich aus, wie er dort auf der Bank vor dem großen Kaffeetopf hockte und erzählte? Über den schönsten Geschichten von Zwergen und guten Feen wurden die Kinder die Angst, er könnte sich plötzlich entsetzlich verwandeln, nie ganz los. Seine schönste Geschichte war die von der geizigen Gutsfrau und dem armen Pilzweiblein, das gar kein Pilzweiblein war, sondern eine schöne Fee, die nur gekommen war, um das Herz der Gutsfrau auf die Probe zu stellen. Damit kam man dann leider nie zu Ende. Die Kinder wurden geholt, es war höchste Zeit, sich zum Abmarsch fertigzumachen. Sie gaben dem Schwarzen die Hand und machten einen Knix, und erst als sie schon ziemlich weit weg waren von der Baude, und der Schwarze vor der Tür stand und ihnen nachwinkte, drehten sie sich noch einmal um und riefen: „Komm uns bald besuchen, Franzel!" –

Und dann waren da die Täler, lieblich und besonnt, voll grünenden Getreides, durchplätschert von dem kristallklaren Wasser der Gebirgsbäche, mit weiten Wiesen voll Glockenblumen und Zittergras und großen Sternmargeriten.

Das war wieder eine ganz andere Welt, und für die kleinen empfindsamen Gemüter geeigneter als die unerklärlich geheimnisvolle Urweltstimmung der Hochmoore oder die grimmig faltigen Profile der grauen Granitberge, deren Herkunft so alt war, wie die Kinder gar nicht denken konnten.

Morgens beim Aufwachen hörten sie als erstes das Rauschen des Bergbaches, und gleich sahen sie in Gedanken die vielen himmelblauen Vergißmeinnichtchen, die immer da standen, wo ein Sonnenstrahl durch die dichten Wipfel der Tannen fiel.

Die Stube war ganz hellgrün, so sehr schien draußen die Sonne durch das Laub, und es gab so vieles zu freuen, daß man an die Spindlerbaude und den Schwarzen gar nicht mehr recht denken konnte. Sicherlich würden heute die Heckenrosen drüben am Waldrand aufgeblüht sein, und bei der Wassermühle durfte man Holzstückchen schwimmen lassen, und selbst wenn man dabei ins Wasser fiel, war es kein Unglück; denn das Wasser war nicht sehr tief.

Die Lehrersfrau würde den Kindern wieder Blumen aus ihrem kleinen Garten schenken, vielleicht Stiefmütterchen oder sogar Pfingstrosen, und wenn sie Glück hatten, trafen sie den Jäger am Nachmittag, und der nahm sie mit in den Wald und führte sie zu einer einsamen Bergwiese, wo sich sonst kein Mensch hintraute. Und dort würde es funkeln von reifen, roten Walderdbeeren – – –

So würde auch dieser Tag wieder schön sein bis zum letzten Sonnenstrahl.

Kam dann das große Schweigen der Berge auch über das kleine Dorf, wurden die Kinder zu Bett gebracht und nur eins oder das andere guckte noch einmal schnell durch den weißen Vorhang vor dem Fenster, hinauf zum Kamm, ob auf der Schneekoppe vielleicht ein einsames Lichtchen brannte – oder war es etwa ein Stern, was da oben so zwinkerte?

Ja, das waren noch andere Zeiten im Riesengebirge, als wir Kinder waren.

Die Ufabank

Denk ich oa menner Kindheetglücke,
so denk ich oan de Ufabank (Ofenbank).
Vor Freede stroahln meine Blicke,
ich denke oan die lebenslang.
Refrain:
Ufabank ich koahn dich ne vergassa,
Ufabank mei ollerliebster Schotz.
Schiener hoa ich nirgendwu gesassa,
Ufabank mei ollerliebster Plotz.

Frühmurgens wenn ich ging eis Stiebel,
doo lief ich risch zur Banke hin,
durt loag die Tofel an die Fibel,
wenn ich wullt ei die Schule giehn.
Refrain:...

An woar die Mittichzeit zu Ende,
uffs Feld woarn oalle wieder naus,
durt uff dar Bank, eim Schuuß die Hände,
ruht sich mei Mutterla risch aus.
Refrain:...

An oabends soaß vergniegt eim Dunkeln,
der Voater uff dar Banke fruh,
ma soag halt blu sei Pfeifla funkeln,
an Priesla noahm ar ufft derzu.
Refrain:...

Denk ich oan dich zuriecke,
oh Jugendzeet wie woarscht de schien.
Vor Freede stroahln meine Blicke,
ich mecht vor Freede ganz vergiehn.
Refrain:...
Ufabank ich koahn dich ne vergassa,
Ufabank mei ollerliebster Schotz,
Schiener hoa ich nirgendwu gesassa,
Ufabank mei ollerliebster Plotz.

Neujahrsglückwunsch eingefroren

Will-Erich Peuckert

In unserm Dorf, im schlesischen Kaiserswaldau, war es eine Sitte, daß man dem Vater und der Mutter am Neujahrsmorgen „gratulierte". Das wäre weiter nichts Schlimmes gewesen. Was aber unser Lehrer, der gute alte Kantor Meier war, der hatte es mit der Bildung; der meinte, ein Neujahrsglückwunsch müßte gereimt und – das machte die Sache noch komplizierter – auf einem schönen Glückwunschbogen geschrieben sein. Er schrieb ihn selber vor, an der Schulwandtafel, denn anders, sagte er, müßte er sich der vielen Pfoten wegen zu sehr schämen (er sagte immer „Pfoten", wenn wir Fehler machten). Aber es mengten sich immer ein paar Pfoten ein in unser Schreiben. Und überhaupt – wir schrieben doch auf „Glückwunschbogen". Auf die ist obendrauf ein Stammbuchbild gemalt, entweder ein Topf voll Rosen oder zwei Tauben, die sich schnäbeln. Und gerade unter dem Bilde kratzte die Feder ganz vermaledeit, und wenn sie mal nicht kratzte, lief die Tinte auseinander.

Es war schon eine richtige Marter, dieses „Glückwunschschreiben". Wenn es dann aber doch geschafft war, dann packten wir unsere Sachen in die Tornister; denn Glückwunschschreiben war der letzte Schultag und morgen Ferien! Und die Mutter backte heute nachmittag Kuchen! Und auf dem Schwemmteich hielt das Eis! – Wir zogen eine lange Schlinderbahn. Und weil der Vater immer sagte, so viel Schuhsohlen könnte er nicht bezahlen – da nahmen wir eben unsere Tornister, schmissen uns mit einem Anlauf auf sie drauf und rutschten auf ihnen ab wie auf einem Schlitten.

Der Drei-Uhr-Zug war schon vorüber, und es wurde langsam dunkel – da gab's auf einmal einen Krach. Und wie wir den Schaden besahen, lag Neumanns-Gustav in der kalten Brühe. Der Schwemmteich ist nicht sehr tief, es reichte ihm eben bis zum Halse – wir „retteten ihm das Leben", Hilgers-Fritz und ich, wir holten ihn heraus. – Nun, unsere Mütter waren allerhand von uns gewohnt. Sie fragten nicht weiter. Es wäre auch später alles gut gegangen, wenn eben nicht Neujahr und die Neujahrsglückwünsche hätten kommen müssen. Nämlich: am Altjahrsabend, unsere Leute waren schon vom Abendessen aufgestanden, kam Neumanns-Gustav ganz betrübt zu mir: Mein Neujahrsglückwunsch Mensch!

Was denn? – Hast du den nicht?

Ich? Wieso ich! Ja, weil ich ihn nicht im Tornister habe.

Wir gingen dann zu den anderen, aber natürlich hatte ihn keiner von uns. Was sollten wir auch mit fremden Glückwünschen, denn wir hatten an den unseren schon genug.

Vielleicht — meinte endlich Tilgners — wie du eingebrochen bist, daß er da in den Teich gefallen ist. So mußte es sein. Was aber nun? Die Tattenbergen hatte ihren Papierladen schon seit Stunden zu und wenn — wer hätte denn in einer knappen Stunde so was schreiben können?! Man sollte — meinte wieder der Tilgners — doch einmal nachsehen. Möglicherweise hängt er noch im Schilf! — Wir konnten unseren Freund natürlich nicht im Stich lassen. Und weil es den Abend gerade Vollmond war, so zogen wir denn heimlich in der neunten Stunde zum Schwemmteich, um dort auf den Glückwunsch Jagd zu machen.

Im Schilf aber hing er nicht. — Und wie wir weiter danach suchten, da sahen wir ihn! Gerade zu unseren Füßen. Ein bissel blaß und das Geschriebene etwas ausgelaufen — aber vorhanden war er! Glück muß einer eben haben!

Aber dann war es nur ein halbes Glück. Denn wie wir nach ihm griffen, da — war der Glückwunsch eingefroren! Er stak im Eis und in eben dem Loch, in dem er eingesackt war, der Gustav. So geht es einem immer. Wenn eins mal denkt, man hätte es geschafft, da hat der Teufel ganz gewißlich seine Finger dazwischen.

Wir kratzten uns hinter den Ohren und kamen doch auf nichts, bis Böhm, der alte Nachtwächter, angestiefelt kam. Wollt ihr euch fort vom Teiche machen! Dann aber, als wir ihm Gustavs Not erzählten, gab er uns doch einen Rat. Wir stocherten das Eis, in dem der Glückwunsch steckte, mit der Spitze des Nachtwächterspießes auf und zogen den eingefrorenen Glückwunsch heraus. Gustav war froh und meinte, nun hätte er gewonnen! Er brauchte ihn bloß noch auf dem Ofen abzutrocknen. — Aber der alte Böhm sprach: Erstens und er pappt auf in der Wärme, und was hast du dann?! Bloß eine dicke Suppe und sonst nichts. Und zweitens: ein eingefrorener Glückwunsch ist einmal was Neues! — So kam es denn auch, und Gustav brachte seinem Vater am Neujahrsmorgen eine Tafel Eis, in der sein Glückwunsch steckte:

Liebe Eltern!

Mit warmen Herzen sage ich euch guten Morgen und wünsche euch für das neue Jahr recht wenig Sorgen ...

Wenn aber zwei Kaiserswaldauer heute irgendwo zusammenhocken, da denken sie sicher an den eingefrorenen Glückwunsch und das warme Herz, mit dem ihn Neumanns-Gustav damals seinem Vater präsentierte.

Der gute alte Garten

Elisabeth Derlick

Es gibt eine Anzahl schöner Gärten von Weltruf. Jeder Gebildete kennt sie. Sie stehen im Konversationslexikon und in allen einschlägigen Reiseführern. Der schönste Garten der Welt aber ist unbekannt. Es ist der gute alte Garten meines Großvaters.

Als der Vater meines Großvaters das Grundstück für seinen Garten kaufte, war das Zeitalter der allgemeinen Begradigungen noch nicht angebrochen, und auch von Gartengrundstücken verlangte man damals nicht, daß sie unbedingt lotrechte Vierecke mit sauberen rechten Winkeln zu sein hätten. Das Grundstück des Urgroßvaters war ein so unbeschreiblich unregelmäßiges Vieleck, für das eine geometrische Bezeichnung erst geschaffen werden müßte, zumal es nach Nordwesten noch einen Zipfel hatte, eine Art Wurmfortsatz, scheinbar ohne Zweck und Nutzen wie der Wurmfortsatz beim Menschen. In diesem Zipfel standen seit altersher wilde Apfelbäume. Im Frühling blühten sie überschwenglich, und im Herbst brachten sie aus der ganzen überschwänglichen Blütenpracht nichts als lauter unansehnliche, steinharte, grasgrüne, essigsaure Holzäpfelchen zuwege.

Dem Umriß des Grundstücks folgte auf und ab — das Gelände war nämlich bucklig wie die Mondscheibe — eine Mauer aus roten Ziegelsteinen, keine von jenen strengen Mauern, welche Gefängnisse und Waisenhäuser von der Welt abschließen, sondern eine durchbrochene Mauer, ein Mäuerchen frisch aus Richters Anker-Steinbaukasten — sechs kleine Säulchen, eine große dicke Säule … sechs kleine, eine große … und so fort, auf und ab um das ganze geometrische Unding herum. Dieses Mäuerchen erlaubte den Lüften und Düften, ungehindert im Garten aus- und einzustreichen, und den Büschen, die an der Innenseite eine dichte Hecke bildeten, ihre gelben, weißen und lila Blütenblätter auf die Vorübergehenden hinunterschneien zu lassen. Das Mäuerchen lud Leute, die den verzwickten Weg um das Gartenvieleck scheuten, oder etwa Äpfel stehlen wollten, zum Hinübersteigen ein, und wir Enkelkinder und allerlei Freunde kostenloser Äpfel und Birnen machten von dieser Einladung eifrig Gebrauch.

Die Hecke, ursprünglich als Schutz gegen aufdringliche Neugier gedacht, war mit der Zeit eine Heimstätte für vielerlei Getier geworden. Tagsüber — daß es schallte — sangen darin ungezählte Vögel. Insekten summten und brummten. Abends erhoben Nachtigallen ihre Stimme in der Hecke, Igel und Kröten brachen

aus dem Gesträuch, die Heerschar der Schnecken, die es auf
Großmutters Salat abgesehen hatte, kroch darunter hervor, gelegentlich auch ein Schmiedegeselle, dem der Sinn nach Großmutters Auguste stand. Die Hecke wurde überragt von Linden und
Akazien, von Pflaumen- und wilden Kirschbäumen, deren Herkunft dunkel war. Ihr Same mochte geradenwegs aus Gottes
Hand gefallen sein.

Der größte Teil von Großvaters Garten bestand aus Rasen;
nicht aus jenem vollkommenen, makellos grünen Rasen, zu dessen Hervorbringung die Engländer genau soviel Mühe und Zeit
verwenden wie zur Hervorbringung ihrer Gentlemen, es war
vielmehr Gras; ganz gewöhnliches Gras, das sich ungehindert be-
grünte und beblümte. Niemand verbot kleinen Mädchen, bis an
die Knie im Gras zu waten und ihre Puppenwagen durch die Mar-
gueriten zu schieben. Großvaters Rasen durfte von den Familien-
Indianern bäuchlings bekrochen werden. Und den Hühnern war
es erlaubt, darin herumzusteigen und hier etwas zu picken und
dort etwas fallen zu lassen.

War das Gras reif, dann wurde es gemäht. Andere Leute bestellten hierzu den Schloßgärtner, der mit seinem Rasenmäher, einem neumodischen Fuhrwerk, unter Geratter und Geknatter die
Gärten bearbeitete, die Gräser grausam durch die Lüfte wirbelte
und dann wieder von hinnen ratterte, einen sauber rasierten Garten und eine himmlische Stille hinter sich lassend. Zum Großvater
kamen von eh und je der Heinisch-Bauer und seine Frau. Der
Bauer mähte die großen Flächen mit der Sense, die Bäuerin plagte
sich mit der Sichel um die Bäume und Bäumchen herum, die der
Großvater hier und da und dort zu pflanzen beliebte.

War das Wetter günstig, dann dauerte die Heuernte zwei Tage.
In der Nacht zwischen diesen beiden Tagen schwamm der Mond
aus einer Wolke von Wohllaut und Wohlgeruch am Himmel empor. Das Heu duftete. Linden und Akazien dufteten. Frösche
quarrten im Garten. Unken riefen in den nahen Teichen. Das Ei-
senbähnchen bimmelte in der Ferne. Die polnischen Mädchen,
die sanft auf bloßen Füßen und mit einem hölzernen Joch auf den
Schultern daherkamen, um aus Großvaters Brunnen Trinkwasser
zu holen, sangen.

Am zweiten Abend wurde das Heu mit dem Kuhgespann geholt. Wir Kinder durften mitfahren und saßen oben auf dem Fu-
der bis an die Haare im Heu vergraben. Bei unserer Heim-
kehr stand die Großmutter unter der Haustür. Eines nach
dem anderen nahm sie beim Kragen, fuhr ihm mit der Hand
zwischen Hemd und Rücken hinunter und fischte die dür-

ren Halme heraus. Jede Heuernte endete in der Schaukelbadewanne.

Die Großmutter war eine ordnungsliebende Hausfrau. Sie
herrschte im Gemüsegarten, in dem es so aufgeräumt aussah wie
in ihren Schubläden. Das Betreten des Gemüsegartens war uns
Kindern ein für allemal untersagt. Aber es hätte dieses Verbotes
gar nicht bedurft. Unsere Vorliebe für Gemüse – junge Erbsen
und süße Mohrrübchen ausgenommen – war herzlich gering.
Und so ist mir vom Gemüsegarten nur diese eine, dürftige Erinnerung geblieben: ein von Maschendraht besonders eingezäuntes
Stück Land, in dem die Großmutter oder Auguste, oder auch die
Großmutter und Auguste zusammen, meist von hinten, prächtig
gewölbt und nur zur Hälfte zu sehen sind.

Großvaters Neigung gehörte dem Blumengarten, der auf einem der wenigen tischebenen Stücke des Gartengeländes angelegt
war. Zierlich geordnet und wie mit Kuchenformen ausgestochen
lagen die herzkreis- und sternförmigen buchsgefaßten Blumen-
beete zwischen gelbem Kies. Obgleich der Großvater auf seine
Blumen nicht weniger Sorgfalt verwendete als die Großmutter
auf ihren Kohl, geriet ihm doch niemals etwas übersichtlich Ge-
ordnetes, sondern immer nur ein buntes, fieberhaft blühendes
Durcheinander. Seine unendliche Güte und seine Scheu, Leben-
des zu zerstören, hinderten ihn beim Gebrauch von Messer und
Schere und vor allem am Ausreißen.

Die ganze liebenswerte Wildnis spiegelte sich in den Gartenkugeln. Ich weiß, sie sind Kitsch; ich liebe sie trotzdem. Beim Großvater standen sie auf grüngestrichenen Stäben inmitten der Beete.
Sie waren aus rotem, blauem, silbernem oder goldenem Glas und
dienten unserer Belustigung. Denen, die sich in den Kugeln spie-
gelten, wuchsen Köpfe wie Eier oder Melonen und Ohren wie
Schaumlöffel. In der einen floß der hochgewachsene Großvater
unversehens zu einem Hefekloß zusammen, in einer anderen ging
die Großmutter bedenklich in die Länge, bis sich ihr Gartenhut
vom Kopfe und ihr Kopf von den Schultern erhob, um dann in
umgekehrter Reihenfolge wieder an den alten Platz zurückzu-
kehren.

Und dann war auch noch Alberich! Alberich, der Gartenzwerg.
Er war aus Holz, handgeschnitzt und bunt bemalt. Er trug einen
Spaten in der Hand und eine Kiepe auf dem Rücken. Den Sommer
verbrachte er im Blumengarten, den Winter in der Bodenkammer.
Er war unser Frühlingsbote und als solcher zuverlässiger als die
Stare. Sieben Tage lang lärmten und pfiffen diese leichtfertigen Vö-
gel an der Sonne, und danach schneite es drei Wochen lang. Ganz

anders Alberich! Erschien er im Garten, dann war Frühling. Punktum! Und immer hatte der Zwerg etwas in der Kiepe: ein paar Ostereier, ein Sandschäufelchen und einmal unter Blumenbast und Gartenscheren sogar Großvaters schmerzlich vermißte, einen Winter lang gesuchte und längst ersetzte Brille.

Auf dem mittelsten, dem breitesten Kieswege stand in der heißen Jahreszeit die Schaukelbadewanne. Sie war ein Ungeheuer aus Zink und faßte mühelos eine ganze Familie. In ihrem sonnengewärmten Wasser nahmen wir Kinder unter Erzeugung von hohem Seegang und sehr viel Lärm unsere Wellenbäder. Leer und zum Trocknen aufgestellt, war die Schaukelbadewanne ein Musikinstrument von schauerlicher Tonfülle. Ein Choral, von fünf Kindern durch Gartenschläuche gegen die Wölbung einer großen Schaukelbadewanne geblasen, kann Mauern zum Einstürzen bringen. Großvaters Mauern waren gediegen. Sie blieben stehen. Nur die Großmutter stürzte aus dem Haus. Aber wir waren schneller als sie.

Am Ende des Blumengartens, auf einem Hügelchen nahe beim Haus stand ein hölzernes Bauwerklein, die Sommerlaube. Ihr oberer Teil war ein luftiges Gitterwerk. Sie hatte einen offenen Eingang und konnte gegen unerwünschten Hühnerbesuch durch ein einzuhängendes leichtes Gitter abgesperrt werden. Unsere zutraulichen Hühner respektierten dieses Gitter, faßten es aber nicht als hühnerunfreundliche Einrichtung auf. Dicht an dicht hockten sie sich darauf an die Sonne, plusterten ihre Federn auf und hielten ihre Bürzel in die Laube.

Auch anderer gefiederter Besuch kam manchmal in Großvaters Garten: Damen unter enormen Federhüten. Sie tranken Kaffee in der Laube, hielten sich dabei ungemein aufrecht und zogen nachher ihre Schleppen über den Gartenkies, während sie durch Stielbrillen in Großvaters Rabatten blickten.

Zu Beginn des Herbstes feierte der Großvater mit uns Kindern die italienische Nacht. Sie begann mit Kaffee und Kuchen und endete mit warmen Würsteln und dem Umgang durch den ganzen Garten. Sobald es dunkelte, zündeten wir bunte Papierlaternen an, und singend — „Laterne, Laterne, Sonne, Mond und Sterne" — zogen wir zu den Beerensträuchern hinüber, an den Hecken entlang, am Gemüsegarten vorbei, um den breitästigen, tiefhängenden Schafsnasenbaum herum, zu den struwweligen Weiden, zu den Kirschbäumen, unter Linden und Kastanien zum Nußbaum und hinein in den Blumengarten. In den Gartenkugeln entzündeten sich bunte Fünkchen, zitterten und schwankten und erloschen wieder.

Jetzt kam der Herbst. Er überschüttete den guten alten Garten mit Fallobst und glühenden Farben. Alberich verschwand. Die Gartenkugeln wurden abgenommen. Immer häufiger ertrank der Garten im Nebel. Die Hecke war mit bunten Beeren besteckt, und eines Morgens schimmerte sie silbrig im Rauhreif.

Und wieder eines Morgens hatte es geschneit. Der Winter war da. Der Garten schlief. Und wo wir im Sommer Purzelböcke geschossen hatten auf den Gartenbuckeln, da rutschten wir jetzt mit den Schlitten hinunter.

Der Winter aller Gartenwinter war der „Iglu-Winter", in dem es im November zu schneien begann und im März erst wieder aufhörte.

Damals kamen die Vettern Sepp und Fritz in ihren kanariengelben Tertianermützen zu Weihnachten und machten sich unverzüglich daran, in der Ecke unter den Apfelbäumen ein Monument aus Schnee zu errichten. Als es fertig war, sah es aus wie ein riesiger Edamer Käse, nur weiß. Es war eine Schneehütte und hieß „Iglu". Der Eingang war so niedrig, daß Erwachsene den Iglu auf allen Vieren hätten betreten müssen. Sie bewunderten ihn daher nur von den Fenstern des Hauses aus. Nur Auguste wühlte sich durch den Schnee. Er reichte ihr bis über die Knie, und sie schimpfte. Vor dem Schnee-Käse blieb sie stehen und sagte:

„Und das soll ein Igel sein???… Na, he!!!…" und wühlte sich wieder durch den Schnee zurück.

Die Inneneinrichtung des Iglu bestand aus Schmalzkisten, die mit Säcken gepolstert waren. Auf dem Fußboden lag Tannenreisig. Als Beleuchtung dienten Kerzenstummel. Die Kisten stammten vom Kaufmann Tilch. Die Beleuchtung hatte die Heilige Mutter, die Kirche, geliefert über ihren Küster, den Kirchvater Stenzel, dem die Vettern Kerzenstummel abgebettelt hatten.

Der Iglu hatte auch ein „Feuerloch", aus dem öfters Rauch aufstieg. Diesen Rauch lieferte der Großvater. Aber das merkte er erst später.

Sylvester kam und es schneite.

Heilige Drei Könige und das Ferienende standen vor der Tür.

Und es schneite. Die Vogelfutterhäuschen im Blumengarten mußten auf höhere Stangen gesetzt werden. Die Bäume wurden von Tag zu Tag niedriger im wachsenden Schnee. Das Baukastenmäuerchen konnte mit einem großen Schritt überstiegen werden. Hinter Alt-Läst blieb der Leiermann im Schnee stecken, auf dem Schäferberg die Semmelfrau und mitten auf der Strecke das Bimmelbähnchen. Die Ferien der Vettern verlängerten sich zwangsweise und der Großvater telefonierte an ihre Eltern.

Zwei Tage nach diesem Ferngespräch, während des Mittagessens sagte der Großvater zur Großmutter:

„Mathilde, gib dem Briefträger, und wem Du sonst noch Zigarren zukommen läßt, doch von jetzt ab nur aus der Kiste ‚Flor Fina'. Ich wollte heut meine Zigarrentasche mit ‚Rara avis' auffüllen, und da ist die Kiste beinahe leer. Wenn ich jetzt welche nachbestelle, kriege ich sie vielleicht zu Ostern." „Rara avis" war Großvaters Leib-Zigarre.

Die Großmutter beteuerte, daß sie nicht eine einzige „Rara avis" verschenkt hätte, und der Großvater wunderte sich.

Der Vetter Fritz wurde rot. Der kleine Bruder kicherte. Der Vetter Sepp trat ihn unter dem Tisch auf den Fuß.

Und es schneite.

Wieder zwei Tage später wurden die Vettern krank. Sie sahen grün aus, und ihre Verdauung lief rückwärts. Der alte Sanitätsrat Engel wurde geholt. Er untersuchte die Leidenden und fragte:

„Sagt mal, Ihr Herren Tertianer, was habt ihr denn geraucht?"

Sie antworteten einstimmig: „Kirchhofskränze."

„Was?" Den Dr. Engel warf es in den Stuhl zurück.

„Natürlich nicht die ganzen Kränze", erläuterte der Vetter Sepp. „Wir nehmen bloß manche Blätter, die besonders gut rauchen."

„Ja, Ihr Brüder, warum raucht Ihr denn nicht Großvaters Zigarren?"

„Weil er es gemerkt hat", antworteten die Vettern. Sie bekamen Bettruhe und Wermut-Tee verordnet und überlebten beides.

Und es schneite.

Schneepflüge wurden eingesetzt und räumten die Straßen. Zwischen Schneemauern wurden die Vettern im Pferdeschlitten zum Bahnhof des Kreisstädtchens kutschiert.

Und es schneite.

Der gute alte Garten war nicht mehr zu erkennen. Die Bäume waren zu Sträuchern geworden. Die Sträucher waren ganz verschwunden. Der Iglu stand nur noch als Handkäse in der Schneewüste. Und es schneite.

Aber eines Nachts klickte es in der Dachtraufe. Es taute. Der Schnee verging. Die Bäume, das Mäuerchen, die Sträucher, die Grünkohle, die bleichsüchtigen Spitzen der Schneeglöckchen kamen aus dem Schnee. Die Grundmauern des Iglu hielten sich noch zwischen den Veilchen, aber nur für kurze Zeit. Auf den Sitzstangen vor den Nistkästen flöteten die Stare. In allen Bäumen saßen sie und schwätzten. Der Garten war voll von ihrem Lärm. Der Frühling konnte wieder kommen.

Guter alter Garten!

„Und das soll nun der schönste Garten der Welt sein?" werdet Ihr fragen? „Dieser ganz gewöhnliche, dieser nicht ganz ordentliche, dieser altmodische Garten mit einem Gartenzwerg inmitten?"

Verzeihet, Freunde! Dieser altmodische Garten war der Garten meiner Kindheit. Und die Erinnerung, müßt Ihr wissen, ist wie eine goldene Gartenkugel: sie spiegelte das Rückliegende verklärt, vergoldet und verzaubert.

Und wäre es dem Menschen erlaubt, sich sein Paradies selber zu wählen, ich wünschte mir nichts anderes, als am Ende meiner Tage heimzugehen in den guten alten Garten meines Großvaters.

Die Oheime hinterm Berg

Richard Wolf

Nichts hörten wir lieber, als wenn der Vater aus seiner Kindheit erzählte. Ob sich auch alles, nur getrennt durch etliche Hügel und Wälder, unterm gleichen Himmel begeben hatte, unter dem unser eigenes Dasein gedieh, es war doch wie ein Hinabtauchen in eine andere Welt mit neuen Farben und Düften. Wie nach dem Brunnensprung der Goldmarie war es gewesen, wenn der Vater begann: „Ich ging einmal — " oder: „Als noch die Mutter lebte — ." Ort und Stunde waren dann verwandelt. Vom Vater geleitet, betraten wir ein Land, das ihm allein gehörte, zauberisch, voller Gefahr und Strenge, aber auch voll heimlicher Heiterkeit. Wir hatten gleichwohl teil daran.

Bei der Abendsuppe konnte es geschehen, welche die Mutter mit den Kräutern unseres Gartens kräftig würzte. Der Vater mochte ein Blättchen Beifuß oder ein Stück Petersilienwurzel erschmeckt haben, da tat sich ihm unversehens das Tor auf, schimmernd vom Lichte der Kindheit. Wir sahen dieses Licht in seinen Augen widerscheinen, wir wußten, nun hob es an, und ließen den Löffel sinken. Die Mutter lächelte und las ein paar Krümchen vom Tischtuch, indessen der Vater seine Erzählung begann.

Da traten sie ein, seine Brüder, mutterlose Wildlinge, die zarte Schwester, der Schäfer, bei welchem der Vater das Hüten und zugleich die Kunst des Strickens erlernt hatte. Kein Ende, denn nun mahnten wir: „Jetzt noch vom Krebsefangen, und jetzt von Onkel Eduard, wie er von der Tanne stürzte." Der Vater erzählte, und wo er das eine oder andere überging, erinnerten wir: „Und da sagte der Onkel Alfred —, und dann habt ihr —." „Ja, ja", hieß es dann, und die Augen des Erzählenden ruhten eine Weile auf uns. Bis in eine Pause hinein die Mutter das Dankgebet sprach und wir in die freundliche Wirklichkeit unserer Stube zurückkehrten.

Freilich kannten wir die Oheime, die Brüder unseres Vaters, auch von Angesicht zu Angesicht, an Geburtstagen oder zu den großen Festen stiegen sie wohl einmal über die trennenden Berge zu uns herüber; denn wie der Vater waren sie nach Wanderfahrten und langer Fremde alle wieder in die Heimattäler der Grafschaft zurückgekehrt. Dann gab es ein doppeltes und dreifaches Erzählen, und herzhafte Gelächter durchschallten unsere sonst stille Wohnung. Aber es waren doch nicht mehr die Knaben, die Spielgefährten des Vaters, wie sie in seinen Geschichten lebten, immer ein wenig hungrig, immer ein wenig in Angst vorm gestrengen Vater, flinke, gewitzte Jüngelchen, ganz auf sich selbst gestellt. Die Oheime hinterm Berg waren jetzt große bärtige Männer mit goldenen Uhrketten auf der sich wölbenden Weste, sie neigten sich zu mir herab, und ich drückte meinen Mund irgendwohin ins Gestrüpp ihrer Wangen. Sie brachten Pfefferkuchenmänner mit oder schenkten mir gar einen Fünfziger. Nichts von Mangel und Hunger, nichts von Angst. Nur Gelächter und der Duft starker Zigarren.

In einem Herbst, als die Luft schon allenthalben nach reifen Pflaumen roch und die Dörfer rundum sich zur Kirmes rüsteten, hieß es, ich dürfe mit dem Vater über den Berg. Wie in jedem Jahre hatte der Onkel Eduard geschrieben: Kommt! Kommt alle! und weil ich mich auf den weiten Pilgängen des letzten Sommers bewährt hatte, sollte ich nun das jenseitige Tal, das Tal der Oheime, an der Hand des Vaters betreten dürfen.

An einem Sonntag war's, spät im Oktober. Noch vor Tagesanbruch hatten wir mit der Bahn das Bieledörfchen erreicht, von dem die Straße ins Habelschwerdter Land hinüberführte. Welch heimliche Stunde, in der wir aus dem nebelwogenden Flußtale hinaufzogen, schweigend zumeist! Auf den Wiesen lag der Reif, im Zwielicht stand der verlassene Kalkofen, aus seinem geborstenen Turm gähnte das Dunkel. Einen ganzen Morgen, den ganzen Tag gehörte der Vater mir. Mit starken Schritten strebte er bergan, er konnte nicht langsam gehen. Ich trollte nebenher.

Wie oft schon war es so gewesen: der Vater und ich, ringsumher die Heimat, schönes, buntes Land. Und vor uns ein Ziel. Aber heute –, nein, es war anders. Diese Straße kannte ich nicht, und noch nie war ich vor Tag unterwegs gewesen.

Die ersten Krähen strichen über die Vogelbeerbäume, die hingen noch voll mit roten Beeren. Als wir einmal anhielten, sahen wir unter uns Schleier, weiß wie Milch, vom Fluß wegziehen. Dann war die Höhe überschritten. Wir betraten die Dörfer. Da bellten die Hunde, Türen öffneten sich und verschlafene Gesichter grüßten. Aus einem Baum langte der Vater im Vorübergehen eine Handvoll Pflaumen. Sie waren feucht vom Tau und schmeckten, so meinte ich, ganz anders als die daheim. Längst hatten wir die Straße verlassen. Ein grasüberwachsener Pfad führte uns an Gehöften vorüber, die sich, gering und doch so herzlich gut, mit ihren Blumenfenstern unters Schindeldach bückten. Von fernher läutete eine Glocke zur Frühmesse. Der Tag brach an.

Schier endlos dehnte sich das Pfädlein, senkte sich, schlich durch Apfelgärten, in denen die roten Christäpfel schimmerten, erklomm aufs neue die Höhe. Der Vater erklärte mir alles, er nannte die Berge mit Namen, zeigte endlich auf die grauen Türme am Horizont: Habelschwerdt. Bald danach erblickten wir unser Reiseziel, Altwaltersdorf, in welchem der Onkel Eduard seine Schmiede betrieb. Da schlug mir das Herz. Der Augenblick war nahe, da sich Einbildung und Wirklichkeit begegneten. Immer rascher wurde des Vaters Schritt. Atemlos und fast trunken vor Müdigkeit stolperte ich endlich hinter ihm drein, dem Oheim in die Stube.

Da saßen sie am gedeckten Tisch, in schneeweißen Hemdsärmeln der Onkel, Seefahrer und Schmied, neben ihm die Tante, meine gütige Patin Martha. Und rundum die Vettern und Basen, die sprangen auf und umringten uns mit großem Geräusch. Es entstand ein Schwirren und Jauchzen, ein Herzen und Drücken. Die niedrige Stube erzitterte. Die Fliegen hoben sich von der Wand, ich hatte noch nie so viele gesehen.

Der mächtige Willkomm betäubte mich; geküßt, um und um gedreht und betätschelt, fand ich mich endlich in einer Mulde des Sofas wieder. Über den Rand des Kaffeetisches sah ich einen wahren Turm von Kirmeskuchen zur Decke aufsteigen. Die Wärme und das Gebrodel der Stimmen ließen mich ein rasches Schläfchen tun. Dann aß und trank ich und wanderte mit den Vettern zur Kirche, zum Hochamt.

Auf dem Orgelchor stehend, sah ich den Ministranten das Weihrauchfaß schwenken. Blaues Gewölke qualmte zu den Heiligen und den goldgleißenden Engeln empor, die an den Wänden schwebten. Hinter mir der vielstimmige Lobgesang. Noch höre ich den durchdringenden Ton des Meßglöckchens, wie es die Wandlung ankündigte und alle Menschen in die Knie sanken, fühle auch wieder den leisen Neid. Weihrauch und lateinischen Gesang, das gab es nicht daheim, auch keine Engel an den Wänden und nicht die Grotte mit der holdseligen Gottesmutter.

Als wir heimkehrten, waren die Habelschwerdter Gäste eingetroffen, Oheim Alfred, der Älteste, und Onkel Hermann. Dazu ein halbes Dutzend ihrer Kinder, die ich allesamt zum ersten Mal erblickte. Da wurde es in der Stube eng, man setzte Tisch an Tisch, schaffte Stühle herbei. Endlich die dampfende Suppe. Klöße und Schweinernes und viel, viel Tunke. Wie still wurde es da am Tisch! Andächtig wanderten die Augen über Schüsseln und Teller, richteten sich anerkennend auf Tante Marthas Gesicht, die im besten Staat am Tischende saß, Zu- und Abgänge lenkend. Kaum verminderte sich der Vorrat an Speisen, obwohl wir alle unser Äußerstes taten, wie sich's beim Kirmesessen geziemt. Nun Preißelbeeren mit Rahm, um den Gaumen zu kühlen, auch süßer

Kürbis und Essigpflaumen vom Vorjahre. Was für gute Gaben, und wie rasch stillten sie alle Gelüste!

Mit glühendem Kopf und innerlichst bedrängt von soviel Nahrung, saß ich und lauschte zu den Alten hinauf, die sich nun, nach erfüllter Pflicht, behaglichem Gespräche zuwandten. Bald aber sagte der Oheim das Dankgebet und lud zu einem Gang in den Garten ein, es müsse ja frischer Hunger für die bald folgende Vesper geschaffen werden. Ich hielt mich zu den Männern, schon um des Seefahrers willen, der nicht selten ein Wort über die Neue Welt einfließen ließ, weil er wußte, wie begierig ich's aufnahm. Heute wartete ich vergeblich. Es wurden die abgeernteten Beete besichtigt, der Vater betrachtete mit Wohlgefallen die überwinternden Schwarzwurzeln und verglich sie mit den eigenen daheim. Dann ging es ein Stück hinaus in die Felder, in denen schon die neue Saat keimte. Onkel Hermann, der in einem großen Unternehmen das Hauptbuch führte, erzählte von einem neuen Gerät, das daheim auf seinem Arbeitstisch stand. Man spräche in einen Trichter, Nadel und Walze nähmen die Worte auf und bewahrten sie für unbegrenzte Zeit. Von solchen Dingen hörte der Vater gern. Er war dem Bruder Hermann am ähnlichsten, hatte ja auch wie dieser das erlernte Schlosserhandwerk mit dem freudloseren Schreibtisch vertauscht. Die beiden andern schwiegen, und erst nach langer Weile meinte der Schmiedemeister Alfred, es werde doch schon viel zuviel geredet auf der Welt, warum man es auch noch aufbewahre? Und was aus dem ganzen ‚Gemähre‘ dermaleinst werden solle?

Da lachten sie und wir gingen zur Schmiede zurück. Auf den Bildern des Älteren Brueghel habe ich später Dorfschmieden gesehen, die der meines Oheims aufs Haar glichen: ein tief herabgezogenes Vordach, unter welchem die Rösser beschlagen werden, dahinter, irgendwo in der Tiefe, Blasbalg und Esse. Gestänge, Pflugscharen, zerklüftete Räder. Es war zu merken, wie die Brüder vor all diesem ehrwürdigen Gerät wieder richtig zusammenwuchsen, die Kindheit sich um sie schloß, daß sie nun, aufgeräumter und lauter als zuvor, in die Stube einkehrten und sich vor den Bergen von Kirmeskuchen niederließen. Und erst jetzt begann es für mich Kirmes zu werden. Erst jetzt, als die großen Gelächter losschmetterten, bei welchen oft die Scheiben erklirrten. Als hätten sie's einstudiert, so warfen sich die Brüder die Stichworte zu, ließen jedem einen Schwank folgen, eine Schnurre, breit ausgesponnen oder kurz wie der Blitz am fernen Himmel. Oft gehörte Geschichten waren darunter, aber auch neue, denn sie sammelten dergleichen von einem Treffen aufs andere.

War das mein Vater, der da erzählte, gleichmütigen Gesichts, aber die andern lauerten schon, bis der Schuß losging und lang verhaltenes Lachen um den Tisch rollte? Wie sie verwandelt waren! Dieses lausbübische Schmunzeln hinter den Bärten! – Zwischenhinein griffen wir zu dem hochaufgegangenen Streuselkuchen, tunkten ihn ein und schoben die Stücke, weil es nicht anders zu schaffen war, quer in den Mund.

Manchmal auch wurde es eine Weile still. So, als der letzte Gast, die Schwester, eintrat. Mit Freudentränen begrüßte sie den Vater und mich, denn nur selten kam sie ins Bieletal hinüber. Sie hatte als Kind ihren vier Brüdern, die allesamt älter waren, Mutter sein müssen und wurde von ihnen auch jetzt noch wie eine solche geehrt, da sie doch längst eigene Kinder hatte. Ja, da wurde es still, eine freundliche, liebevolle Stille, während welcher sie ihren Ehrenplatz einnahm.

Viel begriffen wir nicht von dem, was zwischen den Alten hin und her ging, aber wir lauschten ihnen wie der köstlichsten Musik. Musik der Väter! Lieder einer Kindheit, beschattet und besonnt wie die unsere, und doch so unbegreiflich anders. Wir waren mit ihnen stille und lärmten mit ihnen. Wie unsere Väter aßen und tranken und schwitzten wir vor lauter Überfluß und Heiterkeit.

Und einmal, als es wieder leiser wurde, hörte ich Ohm Alfred zum Vater sagen: „Richard, weißt du noch? Weißt du noch, wie du so traurig warst und niemand konnte dich trösten?"

Ich lauschte ängstlich, von Traurigkeiten hatte der Vater nicht oft erzählt. Er sann nach „Beim alten Schroller hattest du Abziehbilder kaufen wollen", half ihm der Ohm, „und dann kamst du nach Hause und heultest. So hast du kaum einmal geheult!"

Nun war es ganz still. Dann kam es dem Vater: „Abziehbilder. – Ja, die müssen damals erst aufgekommen sein. – Ja, es fällt mir ein. Ich war rein behext. Diese Farben! Erst ganz armselig, und dann leuchtete es nur so. Wirklich überirdisch. – Der Kantorsohn hatte welche. Und als ich mir wieder einmal einen Dreier verdient hatte, fürs Ave-Läuten glaub' ich, einen Dreier, ihr wißt, das war Reichtum! –, ging ich zum Schroller. ‚Für einen Dreier Abziehbilder!', so recht großtuerisch. Er stellte den ganzen Kasten vor mich hin und ließ mich aussuchen. Das war herrlich! Wilde Tiere und der Siegfried mit dem Drachen. Wunderbare Blumensträuße. Ich hatte schon einen ziemlichen Haufen beiseite getan und dachte, jetzt wird's wohl genug sein. Sagt der Schroller, wie ich meinen Dreier hinlege: ‚Für einen Dreier bekommst du nur eins.' Er lachte ja niemals, der Mann, er war so trocken wie sein Papier." Die andern nickten. „Da gab es mir einen Stich. Ich packte meinen Dreier und rannte fort. – Ja, das war ein großer Schmerz."

Wie wurde mir, als ich das hörte! Der Vater, so unausdenkbar arm! Daß die Geburtstage nicht gefeiert wurden, wußte ich schon. Nun auch noch dies. Vielleicht habe ich meinen Vater niemals mehr geliebt als in dieser Stunde, da er unter seinen Brüdern saß, ein wenig lächelnd und mit seinen Augen in jenes Armsein zurückschauend. Wären nicht die andern gewesen, ach, ich hätte es endlich einmal getan, was ich nie zu tun wagte, ich hätte mich an seinen Hals geworfen und ihn geherzt, wie ich es andere Kinder hatte tun sehen. Es fiel mir ein, wie er mir im letzten Winter, als ich krank war, einen ganzen Bogen Abziehbilder mitgebracht hatte. „Sieh her!" hatte er damals gesagt, als das erste Bild sauber abgezogen auf dem Papier leuchtete. „Sieh her: so *sollten* wir sein. – Und so", auf die blassen Umrisse der noch nicht verwandelten Bilder zeigend, „so *sind* wir." Begriffen hatte ich das kaum, aber es war mir, wie alle dunklen Väterworte, geblieben. Nach Jahren betrachteten wir einmal die Ungestalt einer Schmetterlingspuppe und sahen es durch die straffe Haut wundersam schimmern. „Das ist der Mensch", sagte er da wieder, „ganz verkleidet, aber es steckt etwas Schönes darin."

Als es dämmerte, brachen wir auf, vielmal ermahnt, doch über Nacht zu bleiben. Nein, wir mußten beide kommenden Tages zur Stelle sein, der Vater bei seinen Maschinen, ich in der Schule.

„Mit euch ist's anders", sagte Onkel Eduard beim Abschied, „als mit jenen, die von der Kirmes nicht mehr heim wollten. Am dritten Tage ruft sie die Bauer ans Fenster: 'm Langer seine Stadtleute gehn endlich nach Hause! – Wirklich, sagen die eigenen Gäste, und was die für Pakete mitkriegen!" Da lachten wir alle noch einmal, denn auch der Vater hatte den Rucksack voll Streuselkuchen und Babe, auch ein Stück Hausgeschlachtetes war dabei. Ich selber trug ein Eimerchen voll Preißelbeeren, von der Patin nach altem Rezept eingekocht. Sie gediehen ja nirgends so gut wie am Mittelwälder Kamm.

Ein Stück noch begleiteten uns die Oheime in den Abend hinein, dann wanderten wir allein den langen, langen Weg zurück. Wie ein Hündlein lief ich hinter dem Vater her, bis er endlich, da der Weg sich weitete, meine Hand ergriff. Manchmal lachte er vor sich hin, dann wieder blieb er, tief Atem holend, stehen. Aus den Bauernhäusern blinkten warmgelb die Augenfenster. Leise schlugen die Hunde an, wenn sie unsern Schritt an den Zäunen hörten.

Dann kam die Höhe und der Blick auf die Lichter des Heimat-tales. Wir sahen unsern Fluß schimmern und erkannten weit drü-ben, mitternachtswärts, den Umriß unserer Berge. Mit seinen Sternen funkelnd reiste der Große Wagen über sie hin.

Die alte Liebe kommt nicht mehr

Gerhard Uhde

Die Fenster der Weberhütten standen zum ersten Male wieder offen. Klappernd klang der Takt der schaffenden Webstühle in die Mittagssonne heraus und mischte sich in das Konzert der Dachrinnen, in denen das Schneewasser von Giebeln und Dächern niederprasselte. Und jenseits der Straße rauschte der Gebirgsbach, der von der gelblichgrauen Schmelze überschwoll.

Drüben an der Hügellehne war das weiße Laken fadenscheinig geworden, der Acker schimmerte schon hindurch, und lebhaft regte sich in uns Jungen der Drang, mit Hacke und Schaufel die zähe Eisdecke vor dem Haus und im Hof wegzuräumen, damit die Sonne ihr Werk schneller vollenden konnte.

Wir hatten uns schmerzlos die Winterfreuden nehmen lassen. In dem Gesicht der neuentdeckten Erde, das noch von Furchen trüben Gerinnsels durchzogen war, lebte die Erinnerung auf an größere Lust und unvergleichliches Frohsein. All die vielen Frühlingsspiele mit Reifen, Bohnen und Marmeln, das Umgraben der Beete im Garten und das Säen, die knospenden Bäume und Sträucher und die grünenden Wiesen — all diese vertrauten Bilder weckten Vorgefühle von einem unnennbaren Glück, das sich in uns befreien wollte.

Und wie wir Tag um Tag in Spannung wuchsen, erregt vom Sturm, der ums Haus heulte und die Kronen der Bäume packte, daß sie zu Wohlklang aneinanderschlugen, wußten wir: Mit dem Frühling durften wir auch unsere alte Liebe erwarten, das Zuckerlweib. Bald würde sie wieder ihren täglichen Weg durchs Städtchen machen. Das war so sicher wie, daß Schneeglöckchen und Veilchen und die Primeln bald blühten.

Sie war unsere Begleiterin vom Frühling bis zum Herbst, von den ersten Knospen bis zum Blätterfall, ihr Erscheinen war der Höhepunkt des Tages. Woher sie kam, wohin sie ging, wir fragten nicht danach, aber ihre Straße war uns bekannt, und sie kreuzte als täglicher Lichtpunkt unser Leben.

Wie oft hatten die Eltern verboten, das Zuckerlweib anzubetteln, ja, sie hatten uns schon bestraft wegen unseres Ungehorsams! Wir fanden Wege, ihren Augen zu entgehen. Mit der Witterung des Liebenden fühlten wir unsere Liebe nahen, auch dann, als wir den Treffpunkt oberhalb und unterhalb des früheren suchen mußten, der für beobachtende Blicke allzu offen lag.

Sie erwiderte unsere begehrliche Verehrung mit einer geheimnisvollen Haltung. Daß sie uns gern hatte, fühlten wir, aber sie wollte gebeten sein. Wenn sie auf unsere ständige Frage: „Hast du heut Zuckerlen?" mit einem lustigen Augenzwinkern sagte: „Ich will mal sehen!" und mit umständlicher Geste in die verborgenen Falten ihres grauen Rockes langte, dann genoß sie unsere Ungeduld in einer Art, daß uns manchmal das Herz pochte.

Ihre Hände seien schmutzig, hieß es. Was Schmutz, wenn darin die roten, grünen und die gelben Pfefferminzplätzchen leuchteten! Das eben war auch rätselhaft. Woher hatte sie diese bunten Pfefferminzzuckerlen? Wir wußten nur, daß es die ärmlichen weißen zu kaufen gab. Dies Wunder konnten wir nicht ergründen, und es war uns ebenso unerfindlich, wie sie Regen und Sonnenschein, Hagelschlag und Gewitter, ja sogar Todesfälle voraussagen konnte. Das Unbegreifliche verpflichtete uns zu einer Gefolgschaft, die durch nichts zu erschüttern war, und jetzt, da der Frühling anbrach, fühlten wir aufs neue die Wonne dieser Verpflichtung.

Wir warteten sehnsüchtig Tag um Tag, aber das Zuckerlweib kam nicht. Die Wege waren ja schon trocken, die Hänge am Bache grün, und wir pflückten schon Veilchen und Gänseblümchen. Sie mußte doch kommen. Da hieß es plötzlich, das Zuckerlweib sei gestorben und werde übermorgen begraben.

Wir waren erschüttert. Der Tod, dies unfaßliche Ereignis, hatte uns hart getroffen. Aber wir hielten uns nicht lange in untätigem Schmerz auf, unsere Liebe ging über den Tod hinaus, und in beharrlichem Glauben erkannten wir die Pflicht, das Zuckerlweib zum Grabe zu geleiten, aber, wie wir es uns alle bestätigten, mit einem Kranz. Den konnten wir zwar nicht kaufen, doch wir waren geschickt genug, selbst einen zu binden.

So holten wir frisches Tannenreisig aus dem Wald, pflückten Annemonen, Primeln und Vergißmeinnicht und fertigten einen Kranz, auf den wir sehr stolz waren. Einen so schönen würde ihr gewiß kein anderer aufs Grab legen, und in seinem Gewicht hatte er bestimmt auch nicht seinesgleichen. Denn wir mußten ihn zu dritt halten, damit wir beim Tragen nicht ermüdeten. Aber etwas fehlte noch an unserem Kranz, das sichtbare Zeichen, an dem die andern erkennen konnten, von wem er war. Die Schleife mit der nötigen Aufschrift machte uns einige Sorgen. Woher eine bekommen, und was sollte darauf stehen?

Meiner Schwester schönste Haarschleife mußte herhalten, und nachdem wir auf dem Friedhof verschiedene Kranzschleifen studiert hatten, entschieden wir uns für die Worte, die am reinsten unsere Gefühle ausdrückten: „Zum letzten Geleit – Die trauernden Hinterbliebenen". Nun war unser Werk vollkommen, und eine feierliche Ruhe erfüllte unsere Gedanken. Wir sahen uns schon im Trauerzug gehen, aufrecht gehen neben Frauen, die ihr Gesicht schluchzend im Taschentuch verbargen, und wußten, daß uns ein großes Erlebnis bevorstand.

An dem Tage, den wir für das Begräbnis errechnet hatten, warteten wir auf dem Weg zum Friedhof in fieberhafter Unruhe. Wir hatten unter einem Vorwand die Sonntagshosen angezogen und wollten uns dem Zug, der ja hier vorbeikommen mußte, mit unserem Kranz anschließen. Aber wie lange wir auch ausspähten, kein Trauerzug kam. Es wurde ein Tag wie alle anderen.

Das Zuckerlweib war von uns gegangen, wir wußten nicht wohin. Und wie wir nie erfahren hatten, woher ihre Straße zu uns gekommen war, so blieb auch dies letzte Geheimnis um sie unergründet. Der Kranz verdorrte hinterm Schuppen. Wir hatten ja den Frühling vor uns und das Leben.

Fahrten über Land

Erich Rommerskirch

In der Tür stand – nein, nicht der Kaiser – der Vater! Wie der Kaiser sah der Vater gewiß nicht aus. Kein Helm mit einem Adler auf dem Kopf, sondern sehr dichtes, ganz kurz geschnittenes, schon ergrauendes Haar. Keine in die Luft stehenden Bartspitzen, sondern eine „Bürste" auf der Oberlippe. Nicht betont grade und aufgereckt wie der Kaiser, sondern eher untersetzt, aber fest in sich ruhend. Nicht der forsche Blick der kaiserlichen Augen, sondern meist der Ausdruck einer leisen Traurigkeit. Aber heut blickten die Augen heller und freundlicher als sonst, und indem er den weißen Arztkittel ablegte, sagte er: „Nun komm mal mit!"

Vor der Haustür aber stand das schon längere Zeit angekündigte wunderbare Ding – das Automobil! Eine kleine Kutsche, nur ohne Pferd. Vorn war eine große Scheibe. Dahinter auf einer sehr langen Stange das Lenkrad. Sozusagen außenbords waren messingglänzende Schalthebel angebracht. Zwei lederbezogene Sitze waren da. Das Schönste aber war ein kleinerer Sitz, neben der Lenkstange und rückwärts gewandt. Der schien eigens für den Knaben gemacht! Sein Platz! Das Gefährt war schön grüngrau lackiert. Es war eine Nummer angebracht: IK 907, und die Fabrikmarke hieß MAFF.

Jetzt kam die Mutter. Sie sah sehr lustig aus, denn sie hatte ein buntes Tuch um den Kopf gebunden. „Fast wie die Kutsche meines Vaters zu Hause", sagte die Mutter. Sie setzte sich auf den einen Ledersitz, und der Knabe kletterte eilig auf seinen nach rückwärts gewandten Platz. Der Vater drehte mit sichtlicher Anstrengung an einer Kurbel, und der Motor sprang brummend und ratternd an.

Unterdessen hatte sich die Straße vor dem Haus belebt. Nicht nur sämtliche Kinder der „Langen Straße" bestaunten das Vehikel, sondern auch eine Reihe erwachsener Leute. „Gute Fahrt, Herr Doktor! Gute Fahrt", riefen die Leute, und die Kinder versuchten mitzulaufen, was ihnen eine ganze Strecke weit gelang. Schließlich war aber der MAFF doch der Sieger, denn er brachte es auf eine Geschwindigkeit von vierzig Stundenkilometern.

Die erste Fahrt ging nach Groß-Totschen. Hinter dem Automobil war die ganze Zeit eine endlose Staubwolke. Zweimal kamen Fuhrwerke entgegen. Die Fuhrleute sprangen eiligst vom Wagen und hielten die vor Entsetzen sich aufbäumenden Rösser fest. Über das friedliche Groß-Totschen brach der Weltuntergang herein. Gackernd und schnatternd räumte das Federvieh unter sichtlichem Protest die Pfützen und den tiefen Staub der Dorfstraße, die doch seit Jahrhunderten sein Eigentum gewesen war. Die Hunde wurden wahnsinnig und versuchten bellend in die sich drehenden Gummireifen zu beißen. Die bloßen Füße der Dorfkinder räumten gleichfalls die Straße und setzten sich dann in Trab, um mit dem nie gesehenen Wagen mitzulaufen.

Das Auto hielt. Der Vater nahm die braune Ledertasche und ging in ein niedriges, mit Stroh gedecktes Haus hinein, dessen Fenster sehr klein waren. Unterdessen hatten sich die Dorfkinder vollzählig um das Automobil versammelt. Die Hosen gingen den Jungen bis zur Mitte der nackten Waden und den Mädchen die Röcke gar bis an die Knöchel. Die Kinder standen stumm und starr und sahen das Auto an, die Glasscheibe und das Lenkrad und die Messinghebel und auch die schöne Frau und den fremden Jungen. Auf der Rückfahrt waren die Eltern fröhlich und lustig wie Kinder. Besonders als der Vater dann von Hochkirch her abwärts den Motor abstellte, um Benzin zu sparen, und der MAFF in stiller Einsamkeit auf seinen Gummirädern leise den Berg hinunter rollte nach Trebnitz hinein. Weil aber Vater und Mutter heute so fröhlich waren, war es der Knabe auch.

So begannen die Fahrten mit dem Vater über das Land. Nach Schwundnig und Zirkwitz, nach Deutsch-Hammer und Katholisch-Hammer und zum Heidekretscham. Das war ein einsames Gasthaus. Es ging im Katzengebirge auf und ab und durch sehr, sehr große Felder, auf denen Roggen und Weizen und Gerste standen und im Herbst unzählige Zuckerrüben. Nie mehr später wird der Knabe so unendliche Felder sehen wie hier im ostelbischen Großgrundbesitz. Der Knabe besuchte mit dem Vater Bauernhöfe. Die waren im Viereck gebaut. An der Straße das Wohnhaus, rechts und links die Viehställe und im Hintergrund die Scheune. Der Vater ging mit seiner Tasche in die langgestreckten, niedrigen Häuser der Landarbeiter und manchmal auch in schöne Häuser unter großen Bäumen, die man immer „das Schloß" nannte und in denen die Herren des „Dominiums", die Rittergutsbesitzer, wohnten.

Am schönsten waren die Fahrten im Mai. Damals waren die Landstraßen noch schmal, die eine Seite geschottert, die andere, der Sommerweg, bloße Erde. Rechts und links waren Obstbäume, besonders Kirschen, denn jener sibirische Winter war noch nicht gekommen, in dem in Schlesien fast alle Kirschbäume erfroren sind. Wenn nun das Auto unter den blühenden Kirschbäumen hinfuhr, war es wie in einem weißen Tunnel. Im Mai fuhr der

Vater in die Dörfer, um die Kinder gegen die Pocken zu impfen. In einem dumpf riechenden Schulzimmer waren die größeren Kinder versammelt. Der Lehrer paßte auf, er hatte eine Liste und rief die Kinder der Reihe nach auf. Die Mutter half, indem sie dem Vater das blinkende Messerchen anreichte, mit dem die Stiche in den Oberarm gemacht wurden. Im Saal des Gasthauses hatten sich unterdessen die Frauen mit den kleinen Kindern versammelt. Einmal geschah es, daß das kleine Kind, das die Frau an der Brust hielt, aufquäkend den Kopf umdrehte, als es den Stich spürte. Da sah der Knabe etwas Weißes, Rundes, Weiches. Dann ging die Bluse der Frau ganz auf, und der Knabe schaute verblüfft und erstaunt die Brust der Frau. Aber niemand sonst wunderte sich oder sah hin. Die Frau legte den Säugling wieder an die rechte Brust und zog ihre Kleidung gleichmütig zurecht. Zu Hause erklärte die Mutter dann, wie es Gott so eingerichtet habe, daß die kleinen Kinder, wenn sie auf die Welt kämen, an der Brust ihrer Mutter die richtige und süße Nahrung bekämen. „So ist das also", dachte der Knabe.

Oberlausitzer Kindheit

Herbert Roch

Schnellzüge hielten nicht in Penzig, Oberlausitz; der Ort war ihnen zu gering. Hochmütig brausten sie daran vorüber, in Richtung Kohlfurt oder Görlitz, und wir sahen sie ohne Bedauern und Minderwertigkeitsgefühle entschwinden samt ihren gelangweilt aus den Fenstern blickenden Reisenden, die nicht ahnten, woran sie vorbeifuhren und was ihnen entging. Wir wußten es; denn dieses Penzig mit seiner bedeutenden Glasindustrie war nicht nur eine Realität, für viele etwas Schmutziges, an dem man am besten achtlos vorüberging — dieses Penzig war ein Mythus, ein Ort, in dem das Oberlausitzer Leben aus den tiefsten Quellen floß. Für uns war es „derheeme", nicht mehr und nicht weniger. Aber in diesem Wörtchen lag alles, was dem Dasein Tiefe und Weite, Glanz und Poesie verleiht: Mordgrund, Galgenschenke und Yorckquelle, Heideteiche, Neißwiesen und endlose Kiefernwälder, Ober- und Niederdorf, Glashütten und Bauernwirtschaften dicht benachbart, so daß Felder an Fabriken und schwelende Schüttungen an Äcker und Gehölze grenzten. Der Ort war einmalig, selbst für die Oberlausitz. In Penzig lebten Arbeiter, Bauern, Handwerker, Beamte und Angestellte auf engstem Raum nebeneinander, klassenbewußt die einen, voller Standesdünkel die anderen, ein humorvolles Kapitel aus der sonst so humorlosen Soziologie. Es gab Familienfehden, bittere und entbehrungsreiche Streiktage und Wochen, — zu Anfang des Jahrhunderts traten die Penziger sogar in einen Kirchenstreik — aber immer wieder klang der Refrain des Kretschamliedes durch den Lärm, den politische Gegner vollführten, und so sehr die Penziger auch Parteigänger waren, sobald der Aufruhr sich gelegt hatte, fühlten sie sich wieder als „des Herrgotts liebe Kinderlein". So ganz unschuldig freilich waren sie nicht; in der weiteren Umgebung eher berüchtigt und übelbeleumundet. „Schon früher waren die Penziger Glasmacher, wie alle Glasmacher, ein besonderer Schlag, weil die Glasmacherei es mit sich bringt", schreibt ein Chronist. „Die Glasmacherei ist in des Wortes wahrster Bedeutung ein heißes Gewerbe, und heiß sind auch die Impulse dieser Menschen, die mit feurigflüssiger Masse hantieren müssen. Man darf es daher nicht zu tragisch nehmen, wenn irgendwo und irgendwann einmal die Ventile nicht halten und zischend Dampf ausströmt." Krach und Streit gab es oft unter ihnen, aber wenn der Polizeimeister mit zitternden Schnurrbartspitzen im Türrahmen erschien und mit dem Schleppsäbel, den er zum Zeichen seiner Autorität trug, auf den Boden stampfte, ließen die Raufbolde meistens verlegen voneinander ab, bestellten eine neue Lage und wußten selber nicht, warum sie sich derart ereifert hatten. Mit einigen Ausnahmen waren sie wie alle anderen Oberlausitzer: regsam und geschäftig und dabei besinnlich und beschaulich. An größere Verbrechen im Ort erinnere ich mich nicht, wohl aber an derbe Schwänke und Possen. Nur ein Beispiel dafür: Im Ort gab es einen Bildhauer, der häufiger in der Kneipe als in seiner Werkstatt anzutreffen war. Sommers pflegte er sich im Rausch die Hosenbeine bis an die Oberschenkel hochzukrempeln, als wollte er ein Fußbad nehmen. Als er wieder einmal so dasaß und große Reden schwang und sich als Besserwisser aufspielte, kam jemand aus der Runde auf einen echt Oberlausitzer Einfall und zahlte es dem Schwadroneur heim, indem er den kalten Kachelofen öffnete, mit beiden Händen hineingriff, sich unter irgendeinem Vorwand vor den Betrunkenen hinkniete und seine Beine mit Ruß einrieb. Dann brachte man den Ahnungslosen unter Gelächter nach Hause und wartete, was sich ereignen würde. Für eine Weile blieb alles still, doch als die Frau sich dann hinlegen wollte und die schwarzen Beine ihres Mannes unter dem Deckbett hervorragen sah, das weiße Laken rußgeschwärzt, gab es einen solchen Krach, wie er selbst in dieser nicht sehr vorbildlichen Ehe selten war, und die Urheber zogen schadenfroh ab. Derartigen Scherzen war man nie abgeneigt. Und wer sich „aufblies", wie es bei uns hieß, und den „feinen Pinkel" markierte, konnte gefaßt darauf sein, daß man ihm früher oder später eins auswischte.

Aus der einen Kneipe hörte man die „Internationale", aus der anderen eine Polka, aus einer dritten unter Umständen betrunkenes Gegröle. Der kleine Ort war groß genug dafür. In seiner Schichtung und Zusammensetzung groß genug für die streitbare Humanitas eines Lessing und die mystische Versponnenheit eines Jakob Böhme, beides Lausitzer, Nonkonformisten, sich berührende Gegensätze.

Das Private galt als unverletzlich und unantastbar, so sehr, daß ein Sonderling aus dem Ort, „Zinkenschneider" genannt, einst einem Schalterbeamten auf dem Bahnhof, von dem er eine Hin- und Rückfahrkarte verlangte, auf dessen Frage, wohin denn, empört über diese Einmischung in seine Privatangelegenheiten mit piepsender aber energischer Stimme die klassische Antwort gab: „Das geht Sie ann Dreck an!"

Dort wuchsen wir auf, zwischen Glashütten und Heide, und Riesen- und Isergebirge waren nicht fern, an schönen Tagen blauten ihre Höhen am Horizont, Böhmen war nah und kurz hinter Görlitz begann die sächsische Oberlausitz, ein anderes Sprachgebiet mit anderen Sitten und Bräuchen. Jede Jahreszeit hatte ihre Reize und Freuden und nicht selten ihre Katastrophen. Es war kein behütetes, von der Natur besonders bevorzugtes und verschontes Land. Oft schwoll die Neiße während der Schneeschmelze zu einem Urstrom an und stieg, von Städtern und Dörflern mit zunehmender Besorgnis beobachtet, von Stunde zu Stunde, riß Brücken mit sich fort und überschwemmte die ganze fruchtbare Aue, so daß nur noch höhere Baumwipfel aus den trüben Fluten ragten. Häuser mußten geräumt, Vieh in Sicherheit gebracht werden, jeder war auf die Hilfe des Nächsten angewiesen. Fast kein Sommer verging ohne große Waldbrände; im Ort heulten die Sirenen, die Bäcker tuteten Feuer, die freiwillige Feuerwehr rückte aus, mangelhaft ausgerüstet und der verheerenden Wut der Brände selten gewachsen. Manchmal trug der Wind die heiße Glut bis in den Ort. Noch tagelang regnete es graue Asche, und die Männer kehrten erschöpft mit ausgedörrten Kehlen heim und mußten mitunter in der gleichen Nacht wieder heraus, um einen Hüttenbrand zu bekämpfen. Aber das Hochwasser verlief sich, der Qualm, der über der Heide hing, verzog sich, und eines Tages standen die Neißwiesen in der leuchtenden gelben Pracht von Sumpfdotterblumen und Hahnenfuß, und der Kuckuck schrie im Buchwald, und Störche stelzten durch das sumpfige Gelände rings um Pjensk, „dem Ort, wo Baumstümpfe stehen". Und diese wendische Vergangenheit, deren sich nur noch die Störche entsannen, auf Scheunen und Wirtschaften nistend, war nicht tot, trotz aller Industrie und der bürgerlichen Komödie, die das neue Penzig mit sich aufführte. Am letzten Tage im April wurde *gewolpert*, der Winter endgültig mit feurigen Besen vertrieben. Riesige weithin sichtbare Feuer flackerten an allen Enden des Ortes auf. Jede Glashütte setzte ihren ganzen Ehrgeiz daran, das schönste und größte Wolperfeuer zu haben. Und in der Dunkelheit strömte dann alles hinaus, Besenstümpfe wurden in Teer getaucht, in die Flammen gehalten, verwandelten sich in lodernde Fackeln und flogen, von kräftigen, jungen Armen geschleudert, hoch in die Nacht und kehrten funkensprühend, Symbole eines unverwüstlichen Lebenswillens, auf die Erde zurück. Burschen sangen, Mädchen lachten, es wurde musiziert und getanzt, und das fröhliche Treiben währte bis spät in die Nacht.

Und dann kam die Beeren- und Pilzzeit, und alles zog schon beim Morgengrauen hinaus in die Heide oder die Bauernbüsche und kehrte abends mit Körben voll Blau- oder Preiselbeeren,

Steinpilzen, Gelbschwämmeln oder Grünlingen zurück, je nachdem. Niemand konnte eine so schmackhafte Grünlingssuppe kochen wie meine Mutter. Ihre eingelegten kleinen Steinpilze, besonders ausgewählt, waren eine Delikatesse. Meine Großmutter dagegen bevorzugte die Kohlfurter Kartoffeln ihres Bruders Gustav. „Durrtt wachsense eim Sandboden und schmecken so gutt." Und wir mußten zum Gustav nach Kohlfurt fahren und kriegten eine kleine Flasche Korn für den alten vergrämten Heidebauern mit, die er mit seinen knorrigen Händen zärtlich streichelte. Und dann gab's „anne Putterschnitte und a Tippel Kaffee", die Butter meist schon leicht ranzig, weil sie nur zum Streuselkuchen verwendet wurde, und es war nicht immer Streuselkuchenzeit, nicht in der kärglichen Heide, wo ein Stück Brot noch ein Stück Poesie war und nicht „verurscht" werden durfte. Wenn wir dann nach wilder Fahrt durch die dämmernde Heide mit einem Säckel Kohlfurter Kartoffeln heimkehrten, stand die Großmutter schon am Fenster wie die Oberlausitz selber und hielt Ausschau nach uns.

Oft begleitete ich sie auf ihren Gängen über Land in die umliegenden Dörfer, nach Lissa oder Deschka, manchmal sogar bis Zodel oder Zentendorf. Sie hatte noch als ältere Witwe ihre Prüfung als Fleischbeschauerin abgelegt und war in dieser Eigenschaft fast täglich unterwegs, hauptsächlich im Winter. Diese Gänge durch die verschneite, frostklirrende Oberlausitz hatten etwas Anheimelndes und Märchenhaftes für mich. In eine schwarze, abgeschabte Tuchjacke gekleidet, Kopf und Gesicht mit einem Wollschal verhüllt, schritt die Großmutter über die tiefverschneiten Landstraßen, und ich durfte den hölzernen Kasten tragen, in dem sich das messingblanke Mikroskop befand, das sie zu ihren Untersuchungen benötigte. Wir kamen an hohen, weitgeöffneten Scheunentoren und an kleinen Häuslerkaten vorüber, die unter ihren Strohdächern zu schlafen schienen, und Dreschmaschinen brummten, oder es wurde in rhythmischem Takt mit der Hand gedroschen. Die Großmutter war überall bekannt und willkommen. Während sie sich auszog, betrachtete ich gewöhnlich das mit dem Kopf nach unten an einer Leiter hängende Schwein. Oft war die Speckschicht über dem tiefroten Fleisch an die vier Finger dick. Dann ging ich mit der Großmutter in die Stube, in eine von den halbhellen niedrigen Bauernstuben der Oberlausitz mit Glasschränken, steifen Schemeln, Buntdrucken an den Wänden und gelben Vorhängen. Aus dem Ofenrohr roch es nach Äpfeln, aus den Spinden nach Baldrian und Kamille. Verließ die Großmutter dann nach beendeter Untersuchung das Zimmer, um den blauen Stempel autorisierend auf das borstige

Hinterteil des Schweines zu drücken, setzte ich mich gewöhnlich auf ihren Stuhl, kniff das eine Auge krampfhaft zu und versuchte, mit dem anderen etwas durch das Okular des Mikroskops zu erspähen und freute mich, wenn vor meinem Blick ein hauchdünnes, rosiges Fasergewebe erschien. Eine Trichine habe ich allerdings nie zu Gesicht bekommen. Und dann gab es frisches Wellfleisch und goldgelbes selbstgehobeltes Sauerkraut und köstliche heiße Brühe, in der rund und verlockend die Blut- und Leberwürste schwammen. Die Flasche mit dem Weizenkorn machte die Runde, und auch die Großmutter trank ihr Gläschen. Geschichten und Anekdoten wurden erzählt. Die Großmutter war Meisterin darin:

„Damals mußte die Kirchturmuhr noch jeden Tag aufgezogen werden, auch das hab ich noch jahrelang nach dem Tode des Großvaters getan. Einmal hatte ich es vergessen. Nachts fiel es mir plötzlich ein. Draußen war es stürmisch und kalt. Ich nahm eine Laterne und machte mich auf den Weg und kletterte im Finstern über die Leitern auf den Turm. Ich kam auch glücklich oben an und brachte die Uhr in Gang. Zu jener Zeit hatten wir einen Nachtwächter, Schwind hieß er, und als er den Lichtschein auf dem Turm bemerkte, glaubte er, Kirchenfrevler wären am Werk, und alarmierte ein paar Bauern, und als ich herunterkam, standen die Männer mit Knüppeln da, die sie schon erhoben hatten, aber gleich wieder sinken ließen, als sie mich erkannten. So verdutzte Gesichter hab ich mein Lebtag nicht gesehen. Der Nachtwächter wurde ganz klein und bleich, und der Flußbüchner, den er aus dem Kretscham geholt hatte, sagte zu ihm: „Schwind, wenn du mich wegen einer Witwe, die nachts nichts besseres zu tun hat, als auf den Turm zu klettern und die Uhr aufzuziehen, noch einmal beim Skatspielen störst, bist du am längsten Nachtwächter gewesen, du Nachtwächter!"

Kurz vor Ende des zweiten Weltkrieges mußten meine Eltern die Neunzigjährige auf einen Handwagen laden und mit ihr aus Penzig flüchten. Ein paar Jahre danach ist sie gestorben. Sie liegt in Görlitz begraben, der Stadt, die mehr als jede andere zu dieser Oberlausitzer Kindheit gehört. Eine Fahrt nach Görlitz war immer etwas Besonderes, und wir wurden stets fein angezogen für diese „Reise", die mit der Bahn kaum zwanzig Minuten dauerte. Und wenn der Zug dann über die zweiunddreißig granitnen Bögen des Viadukts rollte, der das Neißtal überspannte, vorbei am Ständehaus mit dem Denkmal des Prinzen Friedrich Karl, wurden selbst wir Penziger etwas kleinlauter. Görlitz war damals bei allem industriellen Aufschwung eine Stadt von Pensionären, und man konnte leibhaftigen Majoren und Obersten a.D. auf den Straßen begegnen, noch immer martialisch aussehenden Herren, die ihre Spazierstöcke wie Degen schwangen und peinlich auf die Haltung jedes Rekruten achteten. Neben ihnen gingen strengblickende, schwarz oder grau gekleidete Damen mit Fischbeinkragen um den Hals, die ich zuerst für eine Art von Reusen hielt. Görlitz war das Einkaufszentrum des Landkreises. Dort fand alljährlich unten am Nikolaigraben der große Weihnachtsmarkt statt, über den wir manchmal staunend bummeln durften, und mitunter war die Großmutter dabei und kaufte uns eine Tüte Pulsnitzer Pfefferkuchen.

Aber am schönsten waren die Fußwanderungen und später unzählige Radtouren nach Görlitz, besonders im Frühling, wenn Kirschen und Äpfel blühten, am Ostufer der Neiße entlang, immer gen Mittag, den Fluß mit seinen vielen Windungen kaum aus den Augen verlierend, bis man auf die „Bleichen" gelangte, wo weiße Wäsche im Winde flatterte oder ausgebreitet im Grase lag, am anderen Ufer die auf Pfahlwerk in den Fluß hinausragenden Häuser der Tuchfärber, die alte Färberwaid, und darüber ansteigend die Altstadt mit der mächtigen und doch wieder fein gegliederten Peterskirche, dem Gewirr von Gassen, unter denen uns besonders das geheimnisvolle „Verrätergässel" anzog, mit den Bogengängen, dunkel und schattig, den Patrizierhäusern, trutzigen Rundtürmen, dem Dicken, dem Reichenberger und dem Nikolaiturm, für uns Penziger immer wieder staunenerregend, weil es bei uns kaum noch Geschichtsdenkmäler gab und man über das einstige Schloß der Herren von Penzig, eine Wasserburg, nur noch in den „Annalen" des Görlitzer Bürgermeisters Johannes Haß nachlesen konnte, daß sie „nicht übrigs groß gewest, aber von trefflichen, starken und dicken Gemauer".

Ja, und dann hinaus auf die Landskrone, einen etwas über vierhundert Meter hohen Basaltkegel vor den Toren der Stadt, üppig mit Buchen und Gesträuch bewachsen, vor Jahrhunderten die Burg der Herren von Landskron. Von der Höhe hatte man einen herrlichen Rundblick über weite Teile der Oberlausitz zu den Löbauer Bergen, den Königshainer Bergen, weit ins obere Neißtal hinein, nach Böhmen hinüber, bei klarer Sicht bis zur Schneekoppe.

Aber von diesen Exkursionen ins Städtische, den verlockenden Auslagen in den Schaufenstern der großen Geschäfte kehrten wir immer wieder gern in die ländliche Oberlausitz zurück mit ihren „Hucksten" (Hochzeiten), Kirmsten und Schützenfesten. Das Rothenburger August-Schießen war in der ganzen Lausitz bekannt. Die Kirmsten der einzelnen Dörfer fielen auf verschiedene Sonntage, damit, wer Lust hatte, an allen teilnehmen konnte. Und nach den vielen Gänsen, die bei dieser Gelegenheit braun und knusprig gebraten auf den Tisch kamen, ging es in den darauffolgenden Wochen ans Federnschleißen, auch ein alter Oberlausitzer Brauch. Man dachte an die Aussteuer der Töchter dabei, und es gab mannigfaltigen Anlaß zu Scherz, Neckerei und Liebelei.

Und als ich später das Zauberwort Goethes las: „Saure Wochen, frohe Feste", war mir die ganze Oberlausitz in ihrer Fülle und Buntheit aufs neue gegenwärtig. Aber wo sind die Feste geblieben?

Herbstmarktgerüche

Marion Schreiber-Kellermann

Der Markt im Herbst hat einen besonders guten Geruch, wenn es auch im Sommer mehr Blumen zu kaufen gibt. Aber jetzt im Herbst riecht es würzig und kräftig nach Pfefferkraut und Dill, nach Porree und Borretsch. Nach Äpfeln und nach Sellerie.

Die Bauern kommen mit ihren Pferdewagen vom Land herein. Sie breiten Stroh aus und legen Säcke darüber, und darauf schütten sie dann ihre Waren. Mohrrüben und Welschkraut, Kartoffeln und Gurken und Rosenkohl. Und Kürbisse, so groß wie Medizinbälle.

Wenn die Bauern abgeladen haben, fahren die Männer meistens mit ihen Wagen zum ‚Tuppe‘, wo sie die Pferde ausspannen, ihnen Hafersäcke vorhängen oder Wassereimer zum Saufen. Und dann stehen die Bauern in der Kneipe, beim Wirt vom ‚Tuppe‘ an der Theke und trinken Schnaps, der wie glasklares Wasser aussieht. Sie kriegen davon glitzernde Augen und erzählen sich Sachen, über die sie laut lachen müssen. Ich weiß das, weil ich manchmal der Tante Otto, die über dem ‚Tuppe‘ wohnt, die Zeitungen, die der Papa ausgelesen hat, bringen muß. Wenn ich da die weißgescheuerte, sandbestreute Treppe raufgehe und die Kneipentür offensteht, kann ich die Männer stehen sehen, und der Schnaps riecht so stark, daß einem schlecht werden kann.

Aber während ihre Männer Schnaps trinken und sich was erzählen, müssen die Bauersfrauen bei ihren Waren sitzen. Schön warm angezogen, weil jetzt im Herbst schon manchmal ein kalter Wind weht, in große Umschlagtücher gewickelt, so sitzen sie auf Kisten oder kleinen Stühlen und rufen: „Landbutter, gute Frau, kaufen Sie Landbutter, ganz frisch gebuttert“, wenn wir vorbeikommen. Oder: „Eier sind billig heute, Leute!“ Und die Eier liegen auf einer Schütte Stroh in großen Ton- oder Emailleschüsseln.

Die Bauersfrauen haben lange weite Röcke an, manchmal mehrere übereinander, und neben den Stühlchen und Kisten, auf denen sie sitzen, hocken in kleinen Ställchen Hühner, Tauben oder auch eine Schnattergans. Und manchmal sogar ein Kaninchen.

Und die Bauersfrauen halten auch mal einer Käuferin, die es genau prüfen will, so ein zitterndes Huhn hin und sagen: „Ja, fühlen Sie nur, gute Frau, fühlen Sie mal, wie fett das Hähndel ist!“ …

Jetzt stehen wir bei den Butterfrauen. Sie bieten schöne goldgelbe Butter an, runde Stücke, wie große Muscheln geformt. Und meistens haben sie die Butter in grüne Kohlblätter gewickelt, damit sie frisch und kühl bleibt. Wenn man dann stehenbleibt, schaben die Frauen wohl auch von einem Stück Butter ein Streifchen ab und halten es, auf der Klinge des Messers, der Mutter zum Probieren hin. „Kosten Sie nur, gute Frau, es gibt nichts Frischeres, gell?"

Auch Käse kann man so kosten. Und die Kartoffel-Weiber haben von jeder Sorte ein paar Kartoffeln gekocht und in der Mitte durchgeschnitten, damit man sehen kann, welches die schönen mehligen sind und welche für den Kartoffelsalat taugen.

Die Mutter bestellt von den mehligen weißen drei Zentner und einen von den gelben Salatkartoffeln. Zum Einkellern für den Winter. Die bringt dann in ein paar Tagen der Bauer selber ins Haus und trägt sie auch gleich in den Keller. Und mit dem Kraut ist es genauso.

Wir bestellen da, wo es am günstigsten ist, einen Zentner. Aber dieses Weißkraut kommt nicht gleich in den Keller. Es wird zuerst einmal auf den Hof geschüttet. Dann kommt der Mann unserer Waschfrau mit einem großen Krauthobel, und das Kraut wird – über einem Schaff, in dem sonst die große Wäsche gewaschen wird – in feine Streifen gehobelt, nachher in eine große Tontonne gepackt, mit Salz bestreut und mit den Füßen eingestampft. Natürlich muß sich der Mann, ehe er zu stapfen anfängt, zuvor die Füße in einer Schüssel mit Salzwasser waschen. Da paßt die Mutter schon auf.

In die Tonne kommt obendrauf ein hölzerner Deckel, auf den ein schwerer Stein gelegt wird. Das muß so sein, erklärt uns die Mutter, damit sich das Kraut schön preßt und Saft abgibt.

Nach ein paar Wochen kann man sich dann, wann immer man Lust und Appetit darauf hat, eine Schüssel Sauerkraut aus dem Keller holen. Wie die Witwe Bolte!

Die Zeit des Sauerkraut-Einsalzens ist auch die Zeit zum Gurkeneinlegen. Aber die Arbeit mit den Salzgurken, sagt die neue Mutter, die kann man sich sparen. Salzgurken gibt es ganz billig aus großen Fässern bei jedem Kaufmann. Wir bestellen aber einen halben Zentner von den großen grüngelben Gurken, aus denen die Mutter Senfgurken macht. In hohen Gläsern werden diese Gurken – geschält und in längliche Scheiben wie Schuhsohlen geschnitten – mit Senfkörnern und Dill, mit Zucker und Salz gewürzt, dann mit kochendem Essigwasser übergossen. Man muß warten, bis sie in ein paar Wochen glasig und ‚durch' sind, ehe man sie essen kann. Wir legen auch, in kleinen Gläsern, winzige dunkelgrüne Gürkchen ein. Die haben Warzenhöcker wie Kröten und werden, mit viel Kräutern und Pfefferkörnern gewürzt, zu Pfeffergurken.

Mhm... mir läuft das Wasser im Munde zusammen, wenn ich mir vorstelle, wie gut das alles schmecken wird. Aber meistens ist das, was wir kaufen, immer noch zuwenig, und wenn der Winter dem Ende zugeht, sind auch unsere Gurken alle. Man muß sich halt beherrschen können, sagt die neue Mutter, und sich die Dinge einteilen. Aber davon hält der Papa nicht viel. Und ich auch nicht.

Bei den Obstständen gibt es braune Weidenkörbe voller roter und grüner Äpfel. Und gelbe Birnen, die ‚Gute Louise‘ heißen. Die sind so saftig, daß ich mir meistens das Kleid bekleckere, wenn ich reinbeiße. Da nehme ich jetzt lieber einen ‚Schafnasen-Apfel‘ aus Mutters Einkaufskorb. Der ist schön hart und knackig und ein bißchen säuerlich. Und die Birnen esse ich zu Hause, wenn ich eine Schürze umhabe.

Ich finde aber, daß es ein wunderschöner, gemütlicher Name ist, ‚Gute Louise‘, und daß er richtig paßt zu den dicken saftigen gelben Dingern. „Gute Louise, gute dicke Tante Louise", singe ich vor mich hin, bis mich die Mutter von der Seite her anguckt. Da muß ich lachen. Und sie lacht auch. Ein bißchen.

„Herbst riecht gut", sage ich, und ich meine nicht nur die gelben und braunen Blätter, die in den Anlagen um die Füße rascheln, oder die Kastanien. Ich liebe Kastanien! Frische, rotbraune Kastanien in grünen Stachelschalen, die innen so weiß sind wie ganz feine, zarte Haut. Einen Atemzug lang muß ich an Mama denken, gerade als wir bei den Winterastern vorbeikommen.

Und dann glaube ich wieder einmal, daß die neue Mutter Gedanken lesen kann. Sie sagt: „In drei Wochen ist Allerseelen, da kaufen wir einen schönen Kranz aus isländischem Moos. Mit rosa Wachsblumen drauf. Den kannst du der verstorbenen Mutter aufs Grab legen, der hält länger als die Astern, die sind schon in ein paar Tagen abgeblüht!"

Ich weiß, sie meint es gut, aber isländisches Moos ist grau und tot. Wie Haare von ganz alten Frauen. Und Wachsblumen sind noch viel toter. Rosa Winterastern aber, oder auch goldbraune, das ist etwas, das lebt! Und es gibt ja auch Töpfe mit Heidekraut.

Schade.

Schade, daß ich es niemandem richtig erklären kann, wie herrlich das ist, dieser Geruch vom Wochenmarkt im Herbst. O ja, die neue Mutter macht ‚mhm‘ und ‚ah‘, aber ich merke doch, daß sie es gar nicht weiß, daß der Markt im Frühling etwa ganz anders riecht. Im Frühling sind es vor allem die Töpfe mit Veilchen, die

Narzissen und Tulpen, die einen ganz leisen Duft ausströmen, wenn man vorbeigeht. Und der kräftige Geruch von frischem Schnittlauch. Ach ja, und natürlich die Hyazinthen…

Im Mai und Juni riecht es dann – wenn es schön warm ist – schon nach Erdbeeren, nach Waldmeisterkränzchen und nach Töpfen mit Goldlack, manche sagen auch Levkojen dazu.

Winter ist traurig. Da riecht der Wochenmarkt höchstens nach nassem Stroh und Pferdeäpfeln. Und nach Kohlrüben. Kohlrüben sind ein Essen für arme Leute, sagt die neue Mutter. Aber wir essen sie manchmal auch, und ich finde, daß sie sehr gut schmekken. Schön sämig angemacht. Mit viel Schwan-im-Blauband-Margarine. Nur beim Kochen stinken sie fürchterlich. Und das Schlimmste ist, daß dann alle Nachbarn wissen, daß wir Kohlrüben essen, sagt die neue Mutter. Und deshalb kocht sie lieber was anderes. Was auch billig ist. Vielleicht Kartoffeln mit Quark, oder Herings-Häckerle oder Makkaroni mit Tomatensauce. Und sonnabends einfach Kartoffelsuppe mit Knoblauchwurst.

Überhaupt Knoblauch! Knoblauch ist auch mit drin in dem herrlichen Würzgeruch, den der Markt im Herbst hat. Schöne dicke weiße Knoblauchknollen, zu Zöpfen oder Kränzen geflochten. Und daneben die Zwiebeln. Ganz frische, noch weiß, mit grünen Röhrchen dran, zu Bündeln gebunden. Und trockene gelbe Zwiebeln in kleinen Säcken, von denen man ein Pfund oder zwei in spitze graue Tüten gepackt bekommt.

Aber es ist nicht nur dieses eine oder das andere, was den wunderbaren Würzgeruch ausmacht, es ist alles zusammen. Kohl und Mohrrüben, Porree und Sellerie und Dill und Pfefferkraut, Majoran, Lauch, Gurken, Kürbisse und, und, und … Man kann einfach nicht alles aufzählen.

Mir fällt ein, in den Schrebergärten am Stadtrand riecht es jetzt fast genauso. Nur, da kommt noch der Rauch vom Kartoffelkrautfeuer hinzu. Und ein herber Duft von den letzten Sonnenblumen, die an den Zäunen stehen. Zerzaust schon und abgeblüht die meisten. Aus den runden Köpfen haben die kleinen Vögel schon viele Körner herausgepickt. Nur die leeren grünen Waben sind noch da. Aber zu den dicken Stengelfüßen der Sonnenblumen gibt es noch ganze Büschel kleiner lilablauer Blumen, die in der Mitte ein goldgelbes Sternchen haben.

Und wieder Winterastern. Hohe Stauden von Winterastern. Holzige Stengel mit Blüten wie aus feinen Federn. In Altrosa, in Gelb oder Bronzebraun, oder in grünlichem Weiß. Die Blätter sehr dunkelgrün und fast wie Eichenblätter geformt.

Die Winterastern haben einen eigenartigen bittren Geruch.

Sehr nach Herbst, beinahe schon Winter. Deshalb heißen sie vielleicht auch so. Aber es ist ein schöner Geruch. Schön und – ich weiß nicht, warum – ein bißchen traurig.

Das kommt vielleicht daher, daß sie die letzten sind, die noch unter kahlen Bäumen blühen dürfen.

„Wenn dir ein Duft besonders gut gefällt", hat die Tante Hedel einmal zu mir gesagt, „mußt du dir einfach eine Nasevoll mit nach Hause nehmen!" Und sie hat mich angesehen mit ihren lieben schwarzen Augen, die immer auch ein bißchen taurig sind. „Du vergißt diesen Duft dann dein Leben lang nicht mehr. Man muß nur die Augen zumachen und ganz fest daran denken, dann kommt der Duft und alles, was dazugehört, zurück."

Das war im Frühling, in den Osterferien in Glogau. Wir saßen auf einer Bank in der Sonne in einer Parkanlage, die ,Gute Stube' heißt.

Es war auch wirklich wie eine Stube, außen, im Viereck, ganz hohe Hecken von immergrünen Eiben. Wie Wände. Weiße Bänke davor, und in der Mitte ein Teppich. Ein richtiger bunter Teppich aus Stiefmütterchen, mit dem schnörkeligen Muster gestutzten Buchsbaums dazwischen. Auch der Teppichrand, die weißen Sandwege rundum, mit grünem Buchsbaum eingefaßt.

Und die dichten blaugrünen Wände dufteten in der Sonne selber nach herbem Holz und hielten dazu den süßen Geruch von tausend und mehr Stiefmütterchen fest und vom bitteren Buchsbaum. Es war ein so starker, wunderbarer Duft da im Park in der ,Guten Stube', daß einem fast wirbelig im Kopf werden konnte.

Ich weiß jetzt auch, was die Tante Hedel gemeint hat mit dem: Man kann sich so einen Duft wieder zurückdenken. Wenn es irgendwo ein ganz klein wenig nach Stiefmütterchen riecht ... oder auch, wenn ich meine Bleistifte anspitze und die feinen Holzspiralen riechen genau wie die Lebensbaumwände, dann bin ich gleich wieder in der ,Guten Stube' im Park von Glogau, und um mich herum ist der Geruch genau wieder so, als säße ich noch auf der weißen Bank in der Sonne.

Jetzt sammle ich Gerüche. Vom Oderwald habe ich gleich zwei. Einen, das ist ein ganz zarter Duft, und man muß sich hinknien, auch wenn die Erde noch kalt und das Eichenlaub auf dem Boden naß ist. Die Sonne ist blaß vom langen Winter, aber der Himmel leuchtet schon vor lauter Blau. Und dann der Duft der ersten Buschwindröschen. Die weißen Blütenblätter sind ein ganz klein wenig rosa geworden vom frischen Wind, das fiedrige Grün versteckt sich im braunen Laub, und darüber ragen die schwarzen Äste der uralten Eichen, ganz kahl noch bis auf ein paar braune, zusammengerollte Blätter hier und da. Aber die silbergrauen, knorrigen Stämme, um die herum sich ein paar Männer die Hände reichen müssen, leuchten schon in der Sonne.

Und wieder Oderwald. Das ist ein Geruch, ein Bild, das dazu gehört, das kann man sich leicht herbeiholen. Es muß nur ein bißchen nach Maiglöckchen riechen. Oderwald im Mai. Die dicken vielhundertjährigen Eichen haben die ersten zartgrünen Blätterfahnen ausgehängt. Aber die Sonne kann noch durchschauen auf den Waldboden. Es ist nicht schwarzdunkel wie im Sommer, sondern alles, die Luft, der Himmel, der Boden, die Bäume, helles, leichtes Grün. Und dann steht man mitten in diesem Grün, und der Duft überfällt einen wie ein Schlag. Millionen Maiglöckchen im zarten Waldgras unter den Eichen. Man kann weit sehen, hier unter den Bäumen gibt es kaum Unterholz. Eine einzige grüne Halle voller Maiglöckchen. Und dann, weit hinten, rote Tupfen, ein Rudel Damhirsche.

Ich hätte ja nicht gewußt, wie sie heißen, und geglaubt, es sind Rehe. Aber unsere Lehrerin, mit der wir einen Wandertag hierher in den Oderwald gemacht haben, hat es uns erklärt. Ich nenne den Geruch ‚Wandertag im Mai‘.

Aber Kastanienduft ist mir am liebsten. Der Geruch von ganz frischen, eben erst aufgesprungenen grünen Stachelschalen, aus denen die rotbraunen Früchte — wie Samt und Seide — hervorgucken, das ist ein Duft ganz genau wie Mamas Haare, und den habe ich mir schon aufgehoben, lange bevor ich mit der Tante Hedel im Glogauer Park gewesen bin.

Oder auch Großmutter Sandlers Haus im Sommer. Ein Geruch wie ganz alte Mauern in der Sonne, eine Spur von Petroleum aus den alten Lampen und — ein bißchen wie angebrannt — der Geruch von frischgeröstetem Kaffee. Das kommt daher, weil in dem Haus, das schon zweihundert Jahre und mehr alt ist, in den Kellergewölben die Waren vom Kaisers-Kaffeegeschäft nebenan lagern. Aus dem Hinterhof, aus der Backstube vom Bäcker Kleinlein, kommt der Geruch von frischem Butterkuchen. Aber das Ganze ist erst vollständig, wenn im heißen Sommer die Sonne in den Hausgang scheint, weil jemand die schwere Haustür hat offenstehen lassen. Wenn ich blind wäre, und ich würde diese Düftemischung riechen, wüßte ich gleich, daß ich in Großmutters Haus in der Preußischen Straße in Glogau bin, aber bisher ist es mir noch nicht gelungen, diesen Geruch aus dem Gedächtnis herbeizuzaubern.

Mit der Rochus-Kapelle ist es leichter. Da muß es nur irgendwo ganz stark nach schwerem dunkellila Flieder riechen. Mit

Weihrauch vermischt. Hinzu kommt der Geruch von altem Holz, das weich und wurmstichig ist ... und schon sehe ich in Gedanken die kleine graue Kapelle, die am Ende des Gartens bei der Klosterspielschule steht. Ich sehe ein braundunkles Altarbild, auf dem fast nichts mehr zu erkennen ist, weil nur wenige Kerzen brennen, und ein bißchen Gold vom Gewand des Heiligen, der die Kranken heilt, und den Flügel eines Engels.

Aber diesen Geruch muß ich eigentlich gar nicht aufheben. Wenn ich will, kann ich jeden Tag – oder wenigstens jede Woche einmal – in die Rochus-Kapelle gehen und ein Vaterunser beten oder den Rosenkranz.

Die Spielschule selber ist kein schöner Geruch. Jedesmal, wenn ich hingehen mußte, hat es mich geekelt ... dieser Dunst von angebrannter Milch und von geöltem Linoleum, das jemand mit einem säuerlich riechenden Lappen gewischt hat. Muffig und arm hat es gerochen. Auch die schwarzen langen Kleider der Lieben Schwestern. Brrr! Aber in der Schule riecht es auch nicht viel besser.

Ich bin ganz in Gedanken neben der Mutter hergetrottet, habe kaum etwas gesehen. „Aber warum ziehst du dauernd in der Nase hoch?" fragte die neue Mutter. „Hast du kein Taschentuch?"

Sie würde bloß lachen oder den Kopf schütteln, wenn ich ihr von meinen Gerüchen erzählen würde. Und so nehme ich gehorsam mein Taschentuch aus der Manteltasche, schnaube tüchtig und hole mir noch schnell eine Nase voll Herbstmarkt-Gerüche.

Der verweigerte Segen

Jochen Hoffbauer

Paul war unser Führer. Und Vorbild. Ich kannte Paul allerdings noch aus der Zeit, da er weder Führer noch Vorbild gewesen war. Das war eine Zeit, in der wir gemeinsam über die Wiesen tollten, am Bach die Papierschiffchen schwimmen ließen, später dann in der Jugendmannschaft des heimischen Fußballvereins erste Punkte und Zeitungskritiken sammelten. Paul als Mittelstürmer, ich als Torhüter.

Wir waren sehr verschieden und fühlten uns doch immer zueinander hingezogen. Paul, der Ältere, war Praktiker, Bastler, ein ‚Tüftler‘, wie wir ihn nannten. Er wußte in jeder Höhle einen Ausweg, durchschwamm unseren kleinen Fluß zu später Herbsteszeit, bei grimmiger Kälte, winkte uns vom anderen Ufer selbstgefällig zu; ein Held, ein König, was weiß ich noch. Das alles war Paul, mein Freund und Schulgefährte.

Ich las viel, saß im Stadtpark auf einer Bank und sah den stolzen Schwänen zu, sah das Gebirge glänzen und sich verwandeln in der Abendsonne. Ich hörte den Wind hinter mir in den Fliederbüschen, blauen und weißen; liebte die Schallplatten, die mein Vater am Sonntag nachmittag auflegte, Schuberts ‚Rosamunde‘ rührte mich zu Tränen; nein, ich war nicht wie Paul, ich hatte zwei ‚linke Hände‘, und doch wurden wir Freunde.

Und blieben es auch dann, als die ‚neue Zeit‘ hereinbrach, wir merkten es kaum, wir waren Kinder und begeisterten uns an den Fahrten und Zeltlagern vor der Stadt, an den Wochenenden in der Jugendherberge, vor dem Wald gelegen, an einem silbernen Stausee, in dem wir schwammen und paddelten, durch den das Motorboot zog, gradlinig und unbeirrt.

Diese ‚neue Zeit‘ war auch unsere Zeit. Das zu bestreiten wäre eine Lüge. Wir packten unsere Tornister und zogen über Pfingsten hinauf auf die ‚Große Iser‘, sahen den Nebel durch die Fichtenstämme kriechen, den Mond heraufkommen zwischen den Bergen, standen am lodernden Feuer und gelobten, immer Freunde zu sein und bereit zu sein. Bereit, für was?

Das war die Zeit, in der Paul zum Führer und Vorbild wurde. Kurze schwarze Hosen, ein braunes Fahrtenhemd, Binder mit Lederknoten, und ein scharfes Fahrtenmesser in der Hüfte. „Blut und Ehre" stand darauf.

Paul vor dem Lagerfeuer, die Flammen schlugen hoch, wir blickten den Flammen nach, die den dunklen Himmel durchbrachen. Paul verstand sich darauf, solche Feuer zu machen; das hatte er früher schon verstanden, wenn wir in der Unteraue zum Johannisfeuer liefen und unser Sprüchlein sagten: „Ihr Herren fein, der Sommer ist mein . . ."

Jetzt hieß es: Sonnenwende! Und Paul hatte ein kantiges Gesicht bekommen, ernste Augen, manchmal flackerten sie, den Flammen gleich. Und seine Stimme brach auf aus der Verschwiegenheit, die ich sonst bei ihm kannte und in deren Ruhe ich mich geborgen fühlte, wenn ich Angst bekam.

„Jungens!" schrie Paul in die laue Sommernacht, durch die in der Ferne ein Zug ratterte, „Jungens! — wir müssen brennen wie dieses Feuer, für unsere Idee, für unseren Glauben an Deutschland! Es darf nichts Halbes in uns sein. Das Halbe muß zerbrechen, ganz und ungeteilt wollen wir uns geben unserer Idee vom Reich!" Und dann sangen wir: „Was fragt ihr dumm, was fragt ihr klein, warum wir wohl marschier'n; setzt nicht vergebens Mühe drein, ihr werdet's doch nicht spür'n . . ."

Und wir marschierten zum Heim zurück, im Schweigemarsch, nur die Landsknechtstrommeln bummerten, und dann, als wir auf der Wiese vor dem Heim standen, schmetterten die hellen Fanfaren los, schwarze Tücher mit weißen Runen am goldenen Knauf, und schmetterten die Fanfaren, durch die Sommernacht, daß es uns lieblich in den Ohren klang und daß wir einfielen in die Melodie wie in einem Taumel: „Ja, hört nur unserer Trommel Grollen, hört doch unserer Hörner Schreien, ja, dann wißt ihr, was wir wollen, ja, dann wißt ihr, wer wir seien!"

Mit der Kirche hatte Paul nicht mehr viel im Sinn. Er war schon vorher kein großer Kirchgänger gewesen, und seit der Konfirmation vor zwei Jahren hatte er unsere alte Grenz- und Zufluchtskirche nicht mehr von innen gesehen.

Auch ich ging nicht mehr oft in die Kirche, nur noch zu den Feiertagen: Weihnachten, Ostern, Pfingsten und zur Konfirmation.

Es überraschte mich, als ich auf der Empore neben mir Paul erblickte.

„Was machst du denn hier?" fragte ich verwundert.

Es war ihm nicht recht, das merkte ich sofort. Er schämte sich wohl. Er hatte mir anvertraut, daß er aus der Kirche, ‚diesem Laden', wie er sagte, ausgetreten sei. Denn, und da erinnerte ich mich seiner Sonnenwendrede, halbe Sachen mache er nicht. Wenn er erkannt habe, daß die Kirche längst überholt sei, dann wolle er nicht heucheln, wie die anderen, dann trete er aus. Und hatte es getan. Ich erstarrte in Verwunderung.

Ich sah Paul heimlich von der Seite an, der neben mir in den harten Holzbänken saß, und der nach Worten rang, nach einer Erklärung.

„Wegen meinen Eltern", sagte er. „Mein Bruder geht doch in diesem Jahr mit zur Konfirmation, und da habe ich ihnen versprochen, in die Kirche mitzukommen. Aber da unten habe ich mich nicht hingehockt, das habe ich nicht getan! Nur hier oben, habe ich gesagt, nur hier oben ..." Und er sah um sich wie ein Adler, der über die Berge fliegt.

Das Sonnenlicht brach sich durch die bunten Glasfenster, lange Fenster mit farbigen Mosaiken, irgendwelche Heilige darauf zu erkennen, deren Namen ich nicht mehr wußte, Fahnen mit lateinischen Sprüchen, römische Zahlen, die ich nicht entziffern konnte.

Ich hörte nicht auf die Lieder und Gebete, von der Predigt unseres Pastors weiß ich nichts mehr.

Ich beobachtete Paul, wie er vorgebeugt in der Bank saß, den Kopf in beide Hände gestützt, wie er zusammenzuckte, als der Pastor den Namen seines Bruders aufrief, den Bibelspruch sagte, den ich auch vergessen habe.

Aber das weiß ich noch, als der Pfarrer die Gemeinde am Schluß des Gottesdienstes bat, sich zum Segen zu erheben, sah mich Paul an, mit leeren, stumpfen Augen, in denen nichts mehr flackerte und leuchtete, und sagte:

„Da bleib ich sitzen, den Segen kann ich nicht mehr bekommen. Ich bin ausgetreten!"

Und blieb sitzen, während ich artig aufstand und den Kopf neigte. Ich hörte wie aus einer unbegreiflichen Ferne die vertrauten, niemals bedachten Sätze:

Der Herr segne dich und behüte dich;
der Herr lasse sein Angesicht leuchten über dir
und sei dir gnädig,
der Herr hebe sein Angesicht über dir
und gebe dir Frieden!

Die Orgel jubelte los, die Konfirmanden, mit bleichen Gesichtern, formierten sich, ich sah den Zug unter mir durch den Mittelgang kommen, der Pfarrer voran.

Als ich aufstand, war Paul nicht mehr da. Er mußte sofort nach dem Segen gegangen sein, unbemerkt und leise.

Er hatte den Segen verweigert. Paul, unser Führer und Vorbild, kein Freund von halben Sachen, entschieden in allen Dingen, die das Leben betrafen.

Es war selbstverständlich für ihn, daß er sich gleich nach

Kriegsausbruch freiwillig meldete. Und es verwunderte mich nicht, als ich in einem Fronturlaub erfuhr, daß er gefallen sei, am Ladoga-See.

Da fiel sie mir wieder ein, die Sache mit dem Segen.

Ob er ihn bekommen hat, ehe er fiel, zergrübelte ich mir meinen Kopf.

Ob er ihn, wenn nicht von unserem Pastor, von einem Höheren empfangen hat, diesen Segen, den er verweigerte?

Ob er ihn bekommen hat, grübele ich noch heute, und werde nicht fertig damit.

Die zwölf Fremden

Barbara Bartos-Höppner

Meine Mutter war eine kleine Frau mit braunen Haaren und braunen Augen. Sie strahlte Wärme und Güte aus, und niemand, der Rat oder Hilfe brauchte, ging leer von ihr fort, niemand hungrig von unserem Tisch, auch in den schwersten Notzeiten nicht. Ein Unrecht nahm sie nicht hin, sondern wehrte sich energisch dagegen. Wenige Worte waren ihr stets lieber als lange Reden, aber sie war nicht etwa ein schweigsamer Mensch. In ihrer lebhaften Art erzählte sie oft bis in die tiefe Nacht hinein. Sie war keine Kirchengängerin und wußte auch in der Bibel nicht gut Bescheid, und doch weiß ich keinen Menschen außer ihr, dem es selbstverständlicher war, andern zu helfen, andere mit Liebe zu beschenken.

Ich erinnere mich an die Kriegsweihnacht des Jahres 1940. Wir hatten einen Teil des großen Hauses leerräumen müssen, um Platz zu schaffen für ein Dutzend französischer Kriegsgefangener. Vorübergehend, wie es hieß, nur bis die Unterkünfte für sie fertiggebaut waren. Ich sehe uns noch voller Neugier hinter dem Fenster stehen, als die zwölf Männer kamen. Ein älterer deutscher Soldat mit einem Gewehr über der Schulter ging zur Bewachung neben ihnen her. Wären sie nicht unterschiedlich groß gewesen, wir hätten einen vom anderen nicht unterscheiden können, so sehr glichen sie einander mit ihren gelblich-grünen Uniformen und den abweisenden Gesichtern.

Mein Vater war im vergangenen Krieg in Frankreich Soldat gewesen, einer meiner Brüder in diesem, und beide hatten sie das schöne Land, die großartigen Städte und die liebenswürdigen Menschen gepriesen, und wir Daheimgebliebenen meinten nun wohl, es müßte etwas davon in diesen zwölf Franzosen unter unser Dach ziehen.

Nichts dergleichen war zu spüren. Mürrisch bezogen sie ihre Unterkunft, wir hörten sie laut und anhaltend streiten, mit den Schemeln poltern und ununterbrochen mit ihren Holzschuhen über den Fußboden schlurfen. Dieses Schlurfen und Streiten war das einzige, das wir durch die Wochen von ihnen vernahmen. Wir hatten den Eindruck, daß ihnen nichts, aber auch gar nichts paßte. Die Unterkunft mochte ihnen zu eng sein, die doppelstöckigen Holzbetten zu hart, die Decken zu dünn und das Wetter viel zu kalt. Da wir das alles nicht ändern konnten, wären wir die unzufriedenen Menschen lieber heute als morgen wieder los gewesen.

Je zwei von ihnen holten das Essen ab, das meine Mutter in unserer großen Küche für sie kochte. Immer setzten sie dabei verdrossene Mienen auf.

Eines Tages wurde es meiner Mutter zuviel, und als die Essenholer in der Tür erschienen, sagte sie: „Bonjour, messieurs!" Von nun an hörten wir stets ein durch die Zähne gequetschtes „Bonjour", und wenn meine Mutter anwesend war, ein ebensolches „Merci".

Die Wochen vergingen. Der erste Schnee fiel, die Temperaturen sanken, die Franzosen froren heftig, Weihnachten rückte heran. Noch hofften wir, zum Fest wieder allein zu sein und das Haus für freundliche Gäste wieder frei zu haben. Aber diese Hoffnung erfüllte sich nicht. Was uns alle, aber besonders meinen Vater wunderte, war, daß die Mutter so viel Pfefferkuchen und Plätzchen backen wollte. Alle seine Beziehungen mußte er spielen lassen, um Mehl, Schmalz und Zucker ohne Lebensmittelkarten herbeizuschaffen.

„Ich möchte bloß wissen, wer das alles aufessen soll", sagte er eines Tages.

„Wir sind genug Leute", antwortete die Mutter, doch wir ahnten noch nicht, wen sie in dieses „wir" alles mit einbezog. Aber „wir" waren ja nicht nur eine große Familie, sondern wir hatten eine noch größere Verwandtschaft, und es waren so viele Soldaten darunter, die Weihnachten nicht daheim feiern konnten, die aber alle wissen sollten, daß wir an sie dachten. Also backten wir Berge von Pfefferkuchen und Plätzchen, kneteten aus Grieß, Puderzucker und Mandelaroma falsches Marzipan und sparten hier ein Löffelchen Öl und dort ein Stückchen Schmalz für den Christstollen auf.

Zum Christbaumkauf nahm der Vater die Mutter mit. Umtauschen lag ihm nicht, und darauf lief es immer hinaus, wenn er allein loszog. Mit einem Prachtstück von einer Fichte kamen sie wieder. Aber einen Tag vor Weihnachten sagte die Mutter:

„Du mußt noch einmal auf den Christbaummarkt gehen."

„Willst du in diesem Jahr zwei Bäume putzen?" fragte der Vater.

„Warum nicht?" antwortete sie und lachte. „Es braucht aber nur ein kleines Bäumchen zu sein."

Auf einmal wurde uns klar, was die Mutter plante. Und am Abend putzten wir zuerst unseren großen Christbaum, der vom Fußboden bis zur Stubendecke reichte, und dann das Bäumchen mit Lichtern und Lametta.

Das Bäumchen steckte in einem hölzernen Kreuz und konnte

gut auf einen Tisch gestellt werden. Wir fragten die Mutter nicht danach, wie sie es sich damit für den nächsten Abend gedacht hatte, wir wußten, daß bei ihr immer alles in guten Händen war.

Der Tag des Heiligen Abends verging mit hunderterlei Vorbereitungen wie im Fluge, und als wir uns nach der Christnacht zum Festessen um den Familientisch versammelten, weihte die Mutter den Wachtposten in ihr Vorhaben ein. Er murmelte etwas von „Verboten" und „Gegen die Vorschrift", aber die Mutter antwortete:

„Wer am Heiligen Abend unter unserem Dach ist, soll spüren, daß Weihnachten ist. Ich könnte nicht Weihnachten feiern, wenn es anders wäre." Damit war die Bahn frei. Vater mußte Punsch brauen. „Aber einen großen Topf", mahnte die Mutter, „damit sich jeder noch einmal nachschenken kann." Wir stellten inzwischen die Gläser zurecht und zwölf Teller dazu, die die Mutter vollpackte. Pfefferkuchen und mürbe Plätzchen, Zimtsterne und Grießmarzipan kamen darauf, Äpfel waren ohnehin genug im Hause, Haselnüsse und Walnüsse klapperten beinern darüber. Der erste Christstollen wurde aufgeschnitten und zu jedem Teller ein Schälchen mit Mohnklößchen gestellt. Mein Vater, Nichtraucher wie seine Söhne, drückte der Mutter mit gutem Gewissen ein paar Schachteln Zigaretten zur gerechten Verteilung in die Hände.

Jetzt mußte der Wachtposten die Franzosen in einen Nebenraum dirigieren, und der Vater trug den Christbaum in ihre Behausung. Wir schleppten Teller und Gläser hinterher, und während er den Punsch einfüllte und den Topf zum Nachschenken auf den Ofen stellte, zündete die Mutter die Lichter auf dem Christbaum an. Dann verschwanden wir.

Was danach gewesen ist, kann ich nicht sagen. Ich weiß nur, daß wir alle sehr aufgeregt waren und froh, aber das mochte davon kommen, daß nun auch uns die Einbescherung erwartete.

Es mag eine halbe Stunde später gewesen sein, wir saßen mit unseren Geschenken um den Christbaum herum, die Kerzen flackerten, die angeräucherten Tannenzweige dufteten, es war warm und still. Da hörten wir sie kommen. Ganz leise tappten zwölf Paar Füße über die Dielen, einer der Franzosen klopfte, und dann schoben sie sich auf Strümpfen zur Tür herein. Im nächsten Augenblick war meine Mutter umringt und ein zwölffacher Redeschwall ging auf sie nieder, in dem „Merci, madame, merci!" noch am deutlichsten zu verstehen war. Dann kam der Vater an die Reihe und dann jeder von uns. Und auf einmal hatten sie alle nicht mehr die gleichen Gesichter, sondern jeder wieder sein eigenes, und als sie anfingen, von daheim zu erzählen und die Bilder ihrer Angehörigen hervorholten, waren sie auch keine fremden Gefangenen mehr, sondern nur noch Menschen, die der Krieg geschlagen hatte.

Mutter hatte vom ersten Augenblick an nichts anderes in ihnen gesehen. Wir aber, die wir jung waren und die Köpfe mit überheblichen Phrasen vollgestopft bekamen, wir begriffen es erst jetzt.

Die Tür war verschlossen. Draußen war es kalt, und draußen war der Krieg. In unserem Haus war Frieden geworden an diesem Heiligen Abend.

Breslau: Kaiser-Brücke

Hajo Knebel

„Das müßt ihr euch mal ansehen", sagte Hillmer am Nachmittag dieses Tages, als er von einem Gang in die Stadt zurückkehrte. Seine Lippen zuckten, und seine Augen waren bläulich umschattet. Und, als wir unwillig aufsahen, sagte er noch einmal ganz ruhig und still: „Das müßt ihr euch mal ansehen." „Was denn?" wollte Kriebel wissen. „Laß uns doch in Ruhe." Und er beugte sich wieder über das Schachbrett, wog den Turm leicht in der Hand, ehe er ihn auf einem der schwarzen Felder des Spieles niedersetzte und triumphierend betonte: „Schach!" und nach einem kleinen, den Sieg auskostenden Zögern: „Und − matt!" Von Hüttenhain blickte düster auf die Figuren nieder, suchte Augenblicke lang nach einem Ausweg, überzeugte sich aber dann wohl davon, daß das Spiel verloren sei, nickte zustimmend und sagte: „Ja, Kriebel, du hast recht. Das Spiel ist aus." Er schob mit einer wegwischenden Handbewegung die Figuren vom Brett und stand auf, wandte sich dem immer noch wartenden Hillmer zu und fragte noch einmal: „Was sollen wir uns denn ansehen?"

Wir, die wir um den Tisch gesessen und aufmerksam das Spiel Kriebel−Hüttenhain verfolgt hatten, blickten nun auch zu Hillmer hin und wollten wissen, was es denn so Interessantes zu sehen gäbe.

„Kommt nur mit", sagte Hillmer, „aber zieht eure Mäntel an, draußen ist es bitter kalt."

Ja, tatsächlich: Die Kälte war noch strenger geworden; über Mittag hatte es in den Straßen der Stadt leicht getaut; gegen den Frühnachmittag schon setzte wieder Frost ein; die Schneekruste auf dem Bürgersteig knirschte dumpf unter unseren Schritten. Wir hatten die grauen Schulmäntel über unsere Uniformen gezogen, die Mützen aufgesetzt, die Ohrenschützer heruntergeklappt und waren Hillmer gefolgt, aus der warmen Klasse hinaus, über den dunklen Flur, die Steintreppen hinab, über den Hinterhof auf die stille Seitenstraße, an der unser Wohngebäude lag. Hillmer hatte nichts mehr gesprochen, war schweigend vor uns hergegangen und führte uns nun durch die Paradiesstraße über den weiten Lutherplatz, an der roten Backsteinkirche vorbei zu einer der Breslauer Hauptstraßen, die quer durch die Stadt zur Kaiserbrükke und über die Oder führte. Wind war um uns, eisiger Ostwind, die bläulichen Schatten des Schnees, graue abweisende Häuserwände. Kaum ein Mensch, der unserer kleinen, einem unbekannten Ziel zustrebenden, Jungenschar begegnete.

Mitten auf dem Lutherplatz blieb Hillmer plötzlich stehen, drehte sich zu uns herum, hob wie ein dozierender Lehrer die rechte Hand auf und sagte:

„Hört ihr nichts?" Wir verhielten unsere Schritte, lauschten in das einsame Schweigen der späten Nachmittagsstunde hinein, angestrengt bemüht, etwas zu hören. Aber nur das Blut rauschte in den Ohren; der Atem stand wie eine grauweiße Wolke vor unseren Mündern; die Augen tränten von der beißenden Kälte.

„Nichts", sagte von Hüttenhain, „ich höre nichts."

„Ich auch nicht", sagte ich, „nicht einmal die Straßenbahn am Scheitniger Stern hört man, kein Auto auf der Brücke. Die Stadt wirkt wie ausgestorben."

Hillmer stand noch immer an seinen Platz gebannt, lauschte mit schräggeneigtem Kopf, hatte den Mund halb geöffnet und sagte noch einmal: „Da! Da! Hört ihr es jetzt?"

Wir, die wir schon weitergehen wollten, versuchten noch einmal, etwas von Hillmers Geheimnis mit unseren Ohren einzufangen. Aber es blieb der Wind, das Sirren des Schnees, das Knacken des Frostes. Doch dahinter vernahmen wir mit einem Male etwas anderes; ein fernes, dumpfes, dunkles Geräusch, ein Brausen wie Wasserwogen, ein monotones, in Stärke und Entfernung gleichbleibendes Klirren, tief und undeutlich und grau. Niemandem von uns wäre es wohl ohne Hillmers Hinweis aufgefallen; wir hätten es zu den Geräuschen der Großstadt gerechnet; aber nun ergriff uns urplötzlich etwas feindlich Unbekanntes, etwas Bösartiges, etwas Grausiges und umklammerte unsere Herzen mit eisernem Zugriff.

„Was ist das?" fragte Kriebel und verbarg sein Erschrecken hinter den vom Wind verwehten Worten: „Führt die Oder Treibeis? Sind das die Schollen, die gegen die Bohlen poltern?"

Aber Hillmer schüttelte den Kopf und sagte: „Kommt nur mit, gleich werdet ihr es sehen." Er setzte sich in Bewegung, stakste uns voran und blieb nach ein paar hundert Metern an der Einbiegung in die Hauptstraße stehen: „Da! Da seht euch das an!"

Der dumpfe Lärm war mit jedem unserer Schritte lauter geworden und näher gekommen und stand nun verworren und zitternd über allem, schwebte in der frostkalten Luft, drang durch die Ohrenschützer und hochgeschlagenen Mantelkrägen und blieb dennoch unerklärlich, bis wir endlich den Schritt um die Hausecke taten und sich vor unseren Blicken die breite vierbahnige Kaiserstraße als wuchtiger, weit in die Ferne reichender Einschnitt zwischen den Häuserfronten öffnete. Und was wir nun hier sahen, ließ uns erschauern und wischte das letzte unbeschwerte Jungsein von uns.

Die Straße war schwarz von Menschen, schwarz von Fahrzeugen, schwarz von Planwagen und Schlitten. Ein unabsehbarer schwarzer Strom kam vom Osten her langsam und unaufhaltsam, eine nicht abreißende Kette von Pferdefuhrwerken, von Viehherden, von Rodelschlitten, Handkarren, Kinderwagen, grauen Wehrmachtsautos mit verblaßten roten Kreuzen an gefrorenen Milchglasscheiben. Und dieser Strom wälzte sich an uns vorüber und verursachte das dumpfe Brausen, das wir vorhin gehört hatten, drängte sich an der Rampe der Kaiserbrücke in dichte Klumpen zusammen, schob sich die Brückenauffahrten hinauf und verschwand hinter dem Gitterwerk der eisernen Bögen wie abgeschnitten und nie gewesen. Und immer neue Menschenmassen schoben sich aus der Ferne heran: müde schlurfende Schritte, gebeugte Rücken, rutschende Füße, Hufeklappern von Pferden dazwischen, das Rollen der Wagen planüberdeckt und schneeverkrustet, russische Kriegsgefangene in erdbraunen Mänteln, von gewehrtragenden Volksstürmern mit eisgrauen Bärten bewacht, Frauen mit prallen Rucksäcken auf runden Schultern, Frauen mit Kindern an der Hand, Frauen mit eingemummten Säuglingen auf dem Arm, Frauen, die Kinder auf Rodelschlitten hinter sich herzogen, Frauen, die die Gespanne führten, Wagen voller Gepäck: Kisten und Kästen und rotkariertes Bettzeug, ein blinder Spiegel auf faulend-glitschigem Stroh, weinende Kinder, unter der grauen Zeltplane des Wagens hervorlugend mit ängstlich-erschrockenen Gesichtern. Zuruf und Peitschenknall und Pferdewiehern, fragende Stimmen und verschlossene Mienen, dunkle Kopftücher der Alten und leichte Sommerhalbschuhe an vielen Füßen, das monotone Tappen, Schleifen, Nachziehen und Vorsetzen der Füße, der verschüchterte Blick nach der Seite, nach den Straßenrändern, wo die Bürgersteige schwarz von Menschenmauern waren. Aber während die Menschen auf der Fahrbahn vorwärtsdrängten und sich vorwärtsschoben, standen die Bewohner der Stadt auf den Bürgersteigen und starrten schweigend auf die Vorüberziehenden: auch hier kein lautes Wort, keine Unterhaltung, kein Gespräch, sondern: zusammengepreßte Lippen, murmelndes Summen und Beben, verschlossene Gesichter, dunkel umhüllte Augen, selten eine helfende Hand mit einer Kanne wärmenden Tees, mit einem Schluck Milch für die Kinder. Der dumpfe Lärm lag über den Straßen und zugleich auch ein Schweigen, ein abgrundtiefes erschrockenes Schweigen, wie wir es nie erlebt.

„Mein Gott", sagte von Hüttenhain, „mein Gott."

Eine alte Frau, die neben uns stand, blickte sich zu Hüttenhain um und flüsterte: „Ja, jetzt lernt ihr wieder Gott anrufen und beten. So lange habt ihr nichts von ihm wissen wollen. Aber es ist zu spät, zu spät …"

Und obwohl die Frau ganz leise gesprochen hatte, gellte uns ihr ,Zu spät' in den Ohren und es war, als ob die Räder, die Fußschritte, das Knirschen des Schnees, das Wagenrollen, der Hufschlag auf den gleichen dunklen Ton abgestimmt wären: ,Zu spät.'

Wir standen am Straßenrand des Scheitniger Sterns unweit der Normaluhr und starrten mit weiten Augen auf die nicht abreißende vorbeiflutende Kette von Menschen, von Tieren und Wagen, lasen an den Wagenschildern die Heimatorte ab: Kreuzberg, Wartenberg, Oels, Militsch, Festenberg, Frauenwaldau, Heinrichshütte, Eisenhammer; bekannte Orte, bekannte Namen. Der lange Zink flüsterte: „Siehst du, was da steht? Eisenhammer, Eichensee. − Unser Schanzen hat nichts genützt." Er sah mit Augen, die nicht begreifen wollten oder nicht begreifen konnten, auf den hoch daherschwankenden Wagen mit dem kleinen vertrauten Namensschild. Kriebel schwieg; Hillmer schwieg; von Hüttenhain schwieg; ich schwieg. Es gab nichts zu sagen mehr, nichts zu reden. Der Strom war über seine Ufer getreten, floß unaufhaltsam an uns vorbei westwärts, würde auch uns bald als kleine Woge mitreißen, in seine Gewalt nehmen und verschlingen.

Und immer neue Kolonnen, neue Wagenreihen, neue Menschengruppen, neue Viehherden, blökende Rinder, trottende Schafe, zusammengekoppelte Pferde, aneinandergedrängte Menschen. Und alle trieben und wurden getrieben, stießen und wurden gestoßen, drängten und wurden gedrängt. Und alle blickten vor sich hin auf die endlose Straße von Irgendwo nach Nirgendwo, auf den Weg von der bergenden, nun verlorenen Heimat in die ungewisse Fremde. Ein Volk auf dem Wege, ein Volk auf der Flucht. Rumpelnde Geschützlafetten, ein mahlendes Kettenfahrzeug, aufgelöste Militäreinheiten ohne Schritt und Führung, leuchtende Stirnbinden, rote Flecken auf weißem Mull, vornübergeneigte Gestalten, an Stöcken sich vorwärtsziehend, Verwundete auf Handkarren, Leiterwagen, Schlitten, auf umgekippten Tischen, stöhnende Bündel voll Schmerzen. Und dann wieder die langen Reihen der Planwagen, alte Frauen, die sich an den Seitenwänden der Wagen taumelnd festhielten, ausrutschende Pferdehufe, klirrendes Eisen, das Gleiten von Kufenschlitten über den aufgeharschten Schnee der Straße, darüber die im Wind baumelnden erloschenen Bogenlampen der Lichtleitung. Kriegsgefangene Franzosen in blauen Uniformmänteln als Kutscher, junge Frauen als Gespannführer, braun bemäntelte Parteileute mit leuchtenden Ärmelstreifen als Treckführer, an den Straßenkreuzungen barsche Feldgendarmen mit blinkender Blechkette auf der Brust, ein Trupp zebragestreifter Zuchthäusler, wieder eine Kolonne kahlgeschorener Russen mit kältegrauen Gesichtern und lappenumwickelten Füßen, eine westwärts trappelnde Wlassoweinheit, die geschlossene Kolonne eines gemeinsam treckenden Dorfes, unabsehbar, unabsehbar, Bewegung von Osten nach Westen, kaum einmal eine schmale Lücke in den schwarzen Zügen; und alles geschah trotz des Lärms schweigend und still. Tote auf der Flucht, lebendige Tote.

Und wir standen am Straßenrand, Stunde um Stunde, fühlten die Kälte nicht, nicht den beißenden Frost, das Gefühlloswerden der Glieder, merkten nicht, daß die graue Dämmerung in graues Licht der Nacht überging, sprachen kein Wort, machten auch keinen Versuch zur Hilfe. Wir starrten auf den vorbeiflutenden Strom, nahmen Bild für Bild in uns auf: das zusammenbrechende Pferd an der Wagendeichsel, den schnell an die Seite geschobenen Planwagen, die Frau mit dem toten Kind im Arm, den brüllenden Ortsgruppenleiter, das verächtliche Lächeln im Gesicht des dahinter reitenden Kosaken-Atamans, das Schluchzen eines blonden Mädchens an der Hand seiner Mutter, die taumelnden, schlürfenden, gleitenden, trappelnden, schweren Schritte, der erlösende Pistolenschuß für das zusammengebrochene Pferd, das helle Wiehern einer Stute, das Ächzen der vollbeladenen Wagen und der Geruch von Schweiß und Blut und Stroh und durchmarschierten Nächten, eine Unzahl von Einzelbildern, Einzeleindrücken, von Einzelerlebnissen, die uns immer mehr in Schweigen und Einsamkeit fallen ließen. Unsere Blicke lösten sich nicht von der Straße, waren gebannt auf das schreckliche Schauspiel der Flut gerichtet, die da vorüberströmte, und jeder von uns ahnte: „Das ist der Anfang." Aber keiner sagte etwas. Jeder war eingekapselt in das eigene Erschrecken. Endlich, spät in der Nacht, riß wie abgeschnitten dieser Strom des Leidens, dieser Zug der grauen Not ab: das letzte Wagenrollen, das letzte Pferdetrappeln, die letzten schleifenden, müden Schritte. Wir wandten uns und gingen zur Schule zurück.

In der Heimat

Bodo Heimann

Im Januar 45, bevor wir die Festung
Breslau verließen, sah ich
die Männer vom Volkssturm
die Oswitzer Straße entlangmarschieren,
Onkel Helmut mit seinem Magengeschwür
war auch dabei, jeder von ihnen trug
eine Panzerfaust auf der Schulter,
sie gingen ziemlich im Gleichschritt
und sangen, daß die Vöglein im Walde
so wunderwunderschön sängen
und daß es in der Heimat,
in der Heimat ein Wiedersehn gebe,

sie sangen das Lied so zackig,
als ob es gar keinen Sinn hätte.

Der Zobten bleibt an seinem Platz

Ursula Lange

Heimweh nach Schlesien — es beschäftigt mich seit frühesten
Kindertagen. Die Schlesien-Sehnsucht war mir bekannt, schon
lange bevor die deutsche Bevölkerung aus dem ganzen Oderland
vertrieben wurde. Denn meine Familie verlor ihre schlesische
Heimat bereits im Jahr 1920, als das Reichthaler Ländchen vom
Mutterland abgetrennt wurde. Als ich noch sehr klein war, ver-
mutete ich hinter dem Begriff „Schlesien" irgend ein geheimnis-
volles Pardies, von dem nur Erwachsene wissen konnten. Hätte
Mutter sonst so glücklich ausgesehen, so von Erinnerungsfreude
übergossen, wann immer von Schlesien gesprochen wurde? Das
Wort „Schlesien" klang aus ihrem Mund wie „Sehnen". Wenn
Mutter, die Tanten und Großmutter beisammen waren, redeten
sie fast nur von Schlesien. Manchmal saßen sie mit ihren Handar-
beiten unter der Lampe am runden Tisch und lasen einander Ge-
dichte vor, solche wie das von Eichendorff: Lindes Rauschen in
den Wipfeln, / Vöglein, die ihr fernab fliegt, / Bronnen von den
stillen Gipfeln, / Sagt, wo meine Heimat liegt? / Heut im Traum
sah ich sie wieder, / Und von allen Bergen ging / Solches Grüßen
zu mir nieder, / Daß ich an zu weinen fing. / Ach, hier auf den
fremden Gipfeln: / Menschen, Quellen, Fels und Baum, / Wirres
Rauschen in den Wipfeln — / Alles ist mir wie ein Traum.

Der armen Tante Mimmi, die nahe am Wasser gebaut hatte, wie
wir sagten, rannen bei der Zeile „daß ich an zu weinen fing" viele
Tränen über die rosigen Wangen. Verspannen sich die Frauen er-
zählend und vorlesend in ihren Erinnerungen an Menschen und
Stätten, die sie geliebt und an eine unerreichbare Ferne verloren
hatten, verkroch ich mich hinter dem roten Plüschsofa in der Ek-
ke und verhielt mich mucksmäuschenstill, um nur ja alles recht
genau hören zu können.

Als ich mich anschickte, die Schwelle der Kindheit zu über-
schreiten, wanderte mein Großvater mit mir im Iser- und Riesengebirge, im Waldenburger Bergland und im Gebiet des Zobtenge-
birges, das sich etwa 30 Kilometer von Breslau aus der mittel-
schlesischen Ebene erhebt. Sein Hauptberg, der Zobten, erreicht
eine Höhe von 718 Metern.

„Von jeher gilt der Zobten als Wahrzeichen Schlesiens", erklärte Großvater. „Er diente in vorchristlicher Zeit Kelten, Wandalen und Slawen nacheinander als Kultstätte. Von unserer Zeit-
rechnung an bis zum Beginn des 6. Jahrhunderts n. Chr. lebten

die germanischen Silingen, ein Stamm der Wandalen, in der Ebene unter dem Zobten. Sie nannten ihren heiligen Berg und das umliegende Land ,Siling'. Nach dem Ende der silingischen Königsherrschaft wurde aus der germanischen Landesbezeichnung ,Siling' das slawische ,Slenza' und schließlich mit Beginn der deutschen Besiedlung das deutsche ,Schlesien'."

„Wann und woher kamen eigentlich die deutschen Siedler?" wollte ich von Großvater wissen.

„Sie kamen, herbeigerufen von den piastischen Herzögen, im 12. und 13. Jahrhundert aus allen deutschen Gauen", antwortete mein Großvater und fuhr fort:

„Überwiegend waren es Mainfranken, Thüringer, Hessen, Meißner. Aber auch Norddeutsche und Bayern folgten dem Ruf der Lokatoren, wie die von den Herzögen mit der Organisation der Besiedlung beauftragten Anwerber genannt wurden. Sie alle zusammen vermischten sich schließlich zum Neustamm der Schlesier."

„Und die Silingen − wo sind die geblieben?" fragte ich weiter.

„Das weiß niemand", entgegnete Großvater. „Vielleicht folgten sie ihren wandalischen Bruderstämmen nach Nordafrika. Vielleicht wurden sie in alle Winde zerstreut, wie Jahrhunderte vorher das alte Volk Israel."

Das Gespräch zwischen Enkelin und Großvater fand im Jahr 1937 statt, und Großvater konnte nicht ahnen, wie bald die Schlesier in alle Winde zerstreut werden würden. Aber er war sehr nachdenklich geworden. Lange schwieg er, während sein Blick auf der nebelverhangenen Zobtenkuppe ruhte. Dann legte er seinen Arm wie schützend um mich und sagte: „Menschen kommen und gehen. Aber der Zobten, der bleibt an seinem Platz."

Der Zweite Weltkrieg ließ von der einst großen Familie nur mich leben und warf mich in den Strom der Heimatlosen. Schlesien rückte in weite Ferne. Ungehört drangen aus Barackenlagern, Nissenhütten, Scheunen, Ställen und Kellern die Klagen und das Weinen von Millionen aus ihrer Heimat Vertriebenen. Auch ich war unter ihnen. Und in einer solchen Notunterkunft fiel mir der Tag am Zobten ein. Unauslöschlich hatte sich mir eingeprägt, was Großvater damals über diesen festen, unverrückbaren Punkt in der schlesischen Ebene gesagt hatte: Menschen kommen und gehen. Aber der Zobten, der bleibt an seinem Platz.

Auf einmal erschien mir Schlesien nicht mehr so unerreichbar fern. Menschen gehen − und kehren zurück. So dachte ich und war getröstet.

Der Kindergarten

Walter Reiprich

Anders liegst du im Sonnenlicht,
als ich dich kenne, Erde.
Niemand weiß von deinem Erleben,
erzählt die Geschichten,
die hier begannen.

Bänke laden ein,
von den Eindrücken
auszuruhen,
die Erinnerung zu befreien.

Vergeblich suche ich
den Duft der Linde,
das Schwingen von Stimmen
im Sonnenlicht.
Schatten werfen die Mauern
vom Kirchberg.

Mit den Fassaden der Häuser,
den Zäunen der Gärten,
die ich unnütz suche,
zerbröckelt meine Jugend.

Nachwort

Werner Klose, ein Schlesier, den es nach 1945 nach Schleswig-Holstein verschlug, schrieb kurz vor seinem plötzlichen Tod im Winter 1987 einen Essay, „Oder und Eider" überschrieben. „Die Ströme, die Flüsse sind nicht nur Bilder. Sie tragen das Wasser des Lebens zu den Landschaften der Erde; sie verbinden und trennen, sie nähren und zerstören", heißt es dort. Das trifft für kaum eine Landschaft so zu, wie für Schlesien, die das Einzugsgebiet der oberen und mittleren Oder umfaßt. „Die schlesischen Kinder nannten die Flüsse, an deren Ufer sie spielten, ‚Die Baache'", heißt es dann weiter. „Die Baache konnte Bober und Weistritz oder Neiße und Malapane heißen. Meine Baache war die Ohle. Sie floß herab von den sanften Hügeln um Münsterberg und Strehlen zu Großvaters Wiesen in Spurwitz, wand sich bedächtig nach Wansen, Sitzmannsdorf und Rosenhain, verlief sich an Ohlau vorbei zwischen Ottwitz und Zedlitz in den Sumpfwiesen von Breslau, nun aufgenommen vom breithüftigen Strom der Oder."

Er schreibt weiter, wie sie als kleine Kinder den Rindenschiffchen im Ufergebüsch der Baache folgten, als älter gewordene badeten und die Pferde im Fluß waschen und striegeln durften, und wie dann die Eltern mit den Kindern von der Ohle zur Oder zogen. „Acht Jahre lang ging ich über die Fürstenbrücke, an der Oder entlang zur Schule. Der Jahresablauf veränderte im Wandel der Landschaft den Strom." Ebenso wechselten die Tätigkeiten der Kinder in engem Zusammenhang damit. Weiter heißt es dann bei Werner Klose: „Über die Kaiserbrücke rollten 1939 Kolonnen grauer Panzer und Geschütze nach Osten. Aus den Panzertürmen grüßten in schwarzen Uniformen die Kommandanten, die rechte Hand an der Mütze mit dem silbernen Totenkopf. Ein Jahr später war ich selbst Soldat." (Euterpe, Jahrbuch für Literatur in Schleswig-Holstein, Husum 1988). Vier Jahre später stand ein anderer an der Kaiserbrücke und erlebt das bedrückende Ende nicht nur seiner Kindheit. Im Laufe der Jahrhunderte gaben die unterschiedlichsten politischen Verhältnisse auch den Kindheiten ihre Prägungen, wohl kaum zuvor aber wurden sie so abrupt beendet.

„Das in der großen Welt geschah, / das sucht auch ich mit vielen / im kleinen nachzuspielen" dichtete über 250 Jahre früher Johann Christian Günther, in dessen Kinderzeit die Schrecken des Dreißigjährigen Krieges noch nicht ganz vergessen gewesen sein dürften und der Verlauf des Nordischen Krieges Gespräch gewesen sein mag. Dem kindlichen Karl von Holtei war die Beschießung Breslaus in der napoleonischen Zeit vor allem Abenteuer. Wolfgang Menzel, dessen Kindheit sie gleichermaßen berührte, schildert neben der Freude, die beim Sieg über Napoleons Truppen empfunden wurde, wie das Kriegsgeschehen ihre Knabenspiele beeinflußte. „Noch unter den Augen der feindlichen Einquartierung scharten wir Knaben uns zusammen zum Soldatenspiel, wobei wir nicht verfehlten, dem französischen Ungestüm nachzuahmen, von dem wir elektrisiert waren. Den Knaben der gebildeten Stände stellten sich bald die der kleinen Handwerker gegenüber, und der wütendste Streit entspann sich darüber, welche Partei die Preußen und welche die Franzosen darstellen sollte. Natürlicherweise wollte jede die preußische Partei sein. Darüber kam es nun zu täglichen und oft blutigen Raufereien. So wild und rücksichtslos, wie wir uns damals herumschlugen, habe ich später niemals wieder Knaben sich schlagen sehen ... Das Kriegsfeuer bemächtigte sich dermaßen der ganzen Jugend, daß die Knaben aus den benachbarten Dörfern nun uns, die Städter, angriffen." Und schließlich schreibt Wolfgang Menzel, habe „der Knabenkrieg so große Dimensionen angenommen", daß sich Schule und Polizei einmischten, um dem ein Ende zu bereiten.

Während es vom Beginn des 19. Jahrhunderts schon einige Lebenserinnerungen gibt, in denen auch die Schilderungen der Kindheit einen breiteren Rahmen einnehmen, führt die wohl früheste deutschsprachige, die eines Schweizers, auch nach Schlesien. Sie schildert anschaulich, welche Verhältnisse ein ‚fahrender Schüler' um die Zeit der Reformation in Schlesien, besonders Breslau vorfand. Sie muten uns heute ähnlich befremdend an, wie die Erlebnisse eines Adeligen noch im Kindesalter am Liegnitzer Hof um 1560. Damals war Schlesien etwa 35 Jahre zuvor im Erbgang an das Haus Habsburg gefallen, und die Lehre der Reformation hatte fast überall Eingang gefunden. Im 18. Jahrhundert kam Schlesien nach den schlesischen Kriegen dann zu Preußen.

Von der Mitte des 19. Jahrhunderts ab liegen eine Fülle von Kindheitserinnerungen vor, entweder als Teil von Autobiographien oder als eigenständige Erzählungen. Es konnte nur eine Auswahl getroffen werden. Dabei wurde versucht, eine möglichst große Vielfalt zu erreichen. Kindheiten aus den unterschiedlichsten Bevölkerungsschichten und den verschiedensten Gegenden Schlesiens — Breslau bildet dabei einen Schwerpunkt — wurden ausgewählt. Der zeitliche Rahmen umfaßt fünf Jahrhunderte von der Reformation bis zum Ende des 2. Weltkrieges mit seinen Folgen für Schlesien. Die Fülle der Erinnerungen aus dem gesamten Schlesien machte es wünschenswert, Oberschlesien — trotz seiner im Laufe der Geschichte überwiegenden Zugehörigkeit zu Schlesien und seiner geistigen und kulturellen Verknüpfungen – in einem eigenen Band herauszubringen.

Die letzte schwere Zeit in Schlesien, die Zeit nach Kriegsende, ist in Kindheitserinnerungen kaum zu bewältigen. Mit Kindheit verbindet man gewöhnlich Heim und einen gewissen Grad von Behütetsein. Damit sind die Erlebnisse von Kindern nach der Kapitulation dort nicht mehr zu vereinbaren. Viele der Kinder haben die Zeit nicht überlebt, wo die Eltern, selber ungeschützt, kaum Schutz mehr geben konnten.

Schwerste Erlebnisse werden häufig ,unsagbar' bleiben, obwohl es auch da noch kindgemäß erlebte Episoden gab, wie sie ein damals fast zwölfjähriger Junge in „Letzte Tage in Schlesien" niederschrieb: „So blieb es mir unvergessen, wie ich einmal, inmitten eines solchen Soldatenhaufens sitzend, deutsche Volkslieder sang, um nach jedem Lied die Hand aufzuhalten und schnell den Inhalt in meinem Bettelsack verschwinden zu lassen. Die Russen schienen ihren Spaß zu haben, forderten mich heraus, die Wodkaflasche machte die Runde, und es dauerte nicht lange, so drehte ich mich wie ein Tanzbär, torkelnd zum Klange der Balaleika. Ein paar kräftige Züge an einer Papirossi, jener selbstgedrehten Zigarette aus dem kräftigen russischen Machorka, setzte dem ganzen ein jähes Ende. Bleich, erschöpft sank ich in mich zusammen, den Bettelsack voll Klebba, jenem russischen dunklen Brot, in Zeitungsfetzen verpackte kleinere Mengen Zucker, ein Stück Speck, alles Nahrungsmittel, die zur eisernen Ration eines jeden Russen gehörten. Mit letzter Kraft schleppte ich mich nach Hause, voller Stolz, und konnte doch nicht verstehen, warum meine Mutter in Tränen ausbrach. Aber wir überlebten." Auch die Tage dieses Jungen in Schlesien enden in einem bereitstehenden Güterwagen. „Dicht aneinander gedrängt hockten wir auf dem nackten Boden. Die Tür wurde geschlossen, und noch heute höre ich deutlich das Klicken des schweren Eisenschlosses, das nicht nur die Tür verschloß, sondern gleichzeitig auch einen Schlußstrich unter einen ganzen Lebensabschnitt zog. Eine dramatische Fahrt in die Freiheit begann."

Fremd ist das Land inzwischen denen geworden, die dort aufwuchsen. Geblieben sind Erinnerungen, die sich ähnlich vielleicht hier wiederfinden lassen oder auch eigene zu ergänzen vermögen. Für alle diejenigen aber, die Schlesien so, wie es einmal war, kennen lernen möchten – sei es als Herkunftsland der Vorfahren oder auch als ein Gebiet, das einen wichtigen Beitrag zur deutschen Kultur leistete –, mag es vielleicht eine Hilfe sein.

Gundel Paulsen

131

Quellenangaben
und biographische Daten

Johann Christian Günther: *„Wo ist die Zeit"* (Gedicht)
Entnommen aus „Aus der deutschen Literatur, Dichtungen in Poesie und Prosa" aus den Quellen zusammengestellt von Johannes Meyer, II. Band, Berlin 1906.
Die Originalüberschrift lautet „Als er sich seiner ehemaligen Jugendjahre mit Schmerzen erinnert" (1722) (um die beiden letzten Strophen gekürzt).
Johann Christian Günther wurde am 8. 4. 1695 als Sohn eines Arztes in Striegau geboren. Er besuchte dort von 1710−15 das Gymnasium und studierte Medizin in Wittenberg. Sein Studium blieb ohne Abschluß. Sein Vater versagte ihm wegen seines ausschweifenden Lebenswandels jede weitere Unterstützung. So lebte er von Gelegenheitsdichtung zunächst in Leipzig, später Dresden und kehrte 1719 nach Schlesien zurück. Er starb am 15. 3. 1723 in Jena, ohne die erwünschte Versöhnung seines Vaters erlangt zu haben. Seine Bemühungen um einen bürgerlichen Beruf waren gescheitert. Johann Christian Günther, Lyriker zwischen Barock und Aufklärung, war der bedeutendste erste Vorläufer der neuen deutschen Erlebnislyrik als Ausdruck des Empfindens.

Thomas Platter: *„Als ‚fahrender Schüler' in Schlesien um 1515"*
Aus „Thomas Platters Selbstbiographie" Übersetzung von Heinrich Düntzer (Kollektion Spemann) entnommen aus „W. Ostermann, Pädagogisches Lesebuch für Lehrerseminarien", Oldenburg und Leipzig 1910.
Thomas Platter wurde am 10. 2. 1499 in Grächen bei Visp im Wallis als Sohn armer Eltern geboren. Schon als Sechsjähriger wurde er Ziegenhirt. Er durchzog dann als wandernder Schüler Deutschland, wurde Seilergesell, der sich nebenher weiterbildete, und später einer der Buchdrucker Calvins. Von 1544−78 war er Schul- und Internatsleiter der lateinischen Schule Basels. Er starb am 26. 1. 1582 bei Basel im Ruhestand. Für seinen Sohn Felix, einen Mediziner, verfaßte er seine Selbstbiographie, die ein anschauliches Bild sowohl der Lebens- als auch der Bildungsverhältnisse im 16. Jahrhundert gibt und eine der bedeutendsten dieser frühen Zeit ist.

Hans von Schweinichen: *„Kindheit am Hof des Herzogs von Liegnitz"*
aus „Hans von Schweinichen, ein Lebensbild aus dem 16. Jahrhundert, Begebenheiten des schlesischen Ritters Hans von Schweinichen von ihm selbst aufgesetzt", Abenteuerliche Lebensläufe Bd. 7, Heidenheimer Verlagsanstalt, Heidenheim 1971.
Hans von Schweinichen wurde am 25. 6. 1552 auf Schloß Gröditzberg im Kreis Goldberg geboren. Sein Vater war dort Hauptmann. Als Zehnjähriger kam er zu dem in Haft gehaltenen Herzog Friedrich II. von Liegnitz als Page und Studiengenosse seines Sohnes Friedrich IV. Später tat er Dienst am Fürstlich-Liegnitzschen Hof und nahm als Kammerdie-

ner und Hofmarschall Herzog Heinrichs XI. an zahlreichen Reisen teil. Nach dessen Tod trat er 1588 in die Dienste des neuen Herzogs, Friedrichs IV., des jüngeren Bruders von Heinrich XI. Nach Friedrichs IV. Tod 1596 diente er dem neuen Herrscher Herzog Joachim von Brieg. Hans von Schweinichen starb am 23. 8. 1616.

Karl von Holtei: *„Die Beschießung Breslaus"*
Aus „Der unverbrennliche Spanier, Abenteuer meiner Jugendzeit", Wilhelm Langewiesche-Brandt, Ebenhausen bei München, 1940 („Die Beschießung Breslaus" und „Abenteuer im Bombenkeller" unter einer Überschrift).
Karl von Holtei wurde am 24. 1. 1798 als Sohn eines Rittmeisters in Breslau geboren. Er lebte, da die Mutter nach der Geburt starb, als Pflegesohn bei einer Großtante. Er besuchte in Breslau das Gymnasium, meldete sich als Kriegsfreiwilliger gegen Napoleon und studierte von 1816—1819 Jura in Breslau. Als Schauspieler, Bühnendichter und Rezitator führte er ein unruhiges Wanderleben mit ausgedehnten Reisen. Zeitweise wieder in Breslau, verbrachte er dann auch seine letzten Lebensjahre ab 1864 bis zu seinem Tode am 12. 2. 1880 dort wieder als Schriftsteller. Er entdeckte als Dichter die schlesische Mundart.

Wolfgang Menzel: *„Kindheitserinnerung an 1813"*
Aus „Wolfgang Menzel's Denkwürdigkeiten" herausgegeben von Konrad Menzel, Bielefeld und Leipzig 1877.
Wolfang Menzel wurde am 21. 6. 1798 in Waldenburg als Sohn eines Arztes geboren. Nach dem Tod des Vaters wuchs er auf einem Rittergut im Kreis Schweidnitz auf, besuchte in Breslau das Gymnasium und studierte Philosophie in Jena und Bonn. Im März 1820 mußte er Deutschland verlassen und lebte vier Jahre als Flüchtling in Aargau in der Schweiz, ab 1822 als Schriftsteller. Von 1825 bis zu seinem Tod am 23. 4. 1873 lebte er in Stuttgart. Dort gab er bis 1849 das Cottasche Literaturblatt, von 1852—1869 ein eigenes heraus. Er nahm engagiert an den politischen Bewegungen seiner Zeit teil.

Karl Fischer: *„Das Kastenmännchen"*
Aus „Denkwürdigkeiten und Erinnerungen eines Arbeiters", herausgegeben von Paul Göhre, Leipzig 1903, entnommen aus „Von der Kindesseele", herausgeg. von G. Bäumer u. L. Droescher, Leipzig 1916.
Karl Fischer wurde am 6. 6. 1841 als Sohn eines armen Bäckermeisters in Grünberg geboren. Er arbeitete zunächst als Bäckerlehrling bei seinem Vater, danach als Arbeiter beim Straßen- und Eisenbahnbau, teilweise vagabundierte er als Arbeitsloser. Im Alter gewährten ihm Verwandte ein Unterkommen. Dort schrieb er seine Memoiren. Er starb am 22. 6. 1906 in Halle/Saale.

Gerhart Hauptmann: *„Unser Gasthof zur preußischen Krone"*
Aus „Das Abenteuer meiner Jugend" (5. Kapitel), mit freundlicher Genehmigung des Ullstein Verlages Berlin.
Gerhart Hauptmann wurde am 15. 11. 1862 in Obersalzbrunn in Schle-

sien als Sohn eines Gasthofbesitzers geboren. Nach abgebrochenem Besuch der Realschule am Zwinger in Breslau wurde er zunächst Landwirtschaftseleve in Mittelschlesien, später Kunstschüler in Breslau. Bedeutend für seine schriftstellerische Laufbahn, die er finanziell gesichert durch seine erste Ehe zweiundzwanzigjährig endgültig einschlug, war sein Studium in Jena. 1889 wurde er durch sein sozialkritisches Drama „Vor Sonnenaufgang" über Nacht berühmt. 1891 erwarb er ein Haus in Schreiberhau, wo er Margarete Marschalk begegnete, die er 1904 in zweiter Ehe heiratete. Seither wohnte er hauptsächlich in Haus Wiesenstein in Agnetendorf im Riesengebirge. Dort starb er am 6. 6. 1946 kurz vor seiner endgültigen Ausweisung. Auf eigenen Wunsch wurde er in Kloster/Hiddensee beigesetzt. Gerhart Hauptmann war wohl der bedeutendste deutsche Dichter um die Jahrhundertwende. Besonders bekannt wurden seine Dramen „Die Weber", „Der Biberpelz" und „Fuhrmann Henschel" – um nur einige zu nennen –, in denen er durch den Gebrauch der schlesischen Mundart das Milieu besonders eindrucksvoll gestaltet. 1912 wurde sein Werk mit dem Nobelpreis ausgezeichnet.

Georg Langer: *„Der Bockfahrer"*
Aus „Georg Langer, Auf östlicher Erde, Jugendtage eines Schlesiers" Freiburg 1942.
Georg Langer wurde am 15. 6. 1867 als Sohn eines Justizbeamten in Breslau geboren. 1874 zog die Familie nach Glatz, wo er das Gymnasium besuchte. Nach dem Abitur in Kattowitz, wohin die Familie kurz vorher verzog, studierte er später Jura in Halle und Jena. Als Richter war er in Ratibor und anderen oberschlesischen Städten tätig, zuletzt als Landesgerichtsdirektor in Breslau. Er starb am 25. 1. 1945 in Lampersdorf Kreis Neumarkt.

Erich Sturtevant: *„Weihnachten im alten Breslau"*
Aus „Wir Schlesier", Halbmonatsschrift für schlesisches Wesen und schlesische Dichtung", Verlag L. Heege, Schweidnitz 15. Dez. 1923 (Nr. 6).
Erich Sturtevant wurde am 15. 10. 1869 in Frankfurt an der Oder geboren. Er war Maler und Schriftsteller, lebte in Berlin, später Jüterbog, wo er das Kreis-Heimatmuseum betreute. Er starb dort am 3. 3. 1947.

Friedrich Bischoff: *„Schlittenfart in Schlesien"* (Gedicht)
Entnommen aus „Schauen und Schaffen", Ein deutsches Lesebuch für das 7. Schuljahr, Verlag Moritz Diesterweg, Frankfurt, Berlin, Bonn 1956.
Friedrich Bischoff wurde am 26. 1. 1896 in Neumarkt bei Breslau geboren. Er studierte in Breslau Germanistik und Philosophie. Nach zweijähriger Tätigkeit als Chefdramaturg in Breslau war er von 1925–1933 Intendant des Breslauer Rundfunks und dort maßgeblich an der Formentwicklung von Hörfolgen und -spielen beteiligt. Nach 1933 lebte er, seines Amtes enthoben, in Wolfshau in Schlesien. 1946 baute er den Südwestfunk in Baden-Baden auf, dessen Intendant er bis 1965 war. In seinen Erzählungen und Romanen wird die schlesische Landschaft mit

ihren Menschen lebendig. Friedrich Bischoff ist der Verfasser des Schlesier-Liedes. Er starb am 21. 5. 1976 in Achern.

Paul Keller: „*Wie ich mit dem lieben Gott im Schlitten fuhr*"
Aus „Von kleinen Leuten und großen Dingen", Bergstadtverlag Wilh. Gottl. Korn, Sigmaringen 1965.
Paul Keller wurde am 6. 7. 1873 in Arnsdorf als Sohn eines Maurers und reisenden Textilhändlers geboren. Von 1890—1893 besuchte er das Lehrerseminar in Breslau und unterrichtete als Volksschullehrer zunächst in Jauer, dann in Schweidnitz und von 1896—1908 in Breslau. 1912 gründete er — inzwischen freier Schriftsteller — die Zeitschrift „Bergstadt"·
Paul Keller starb am 20. 8. 1932 in Breslau. Er war einer der beliebtesten schlesischen Volksschriftsteller.

Paul Löbe: „*Schmalhans blieb der Familie treu*"
Aus „Der Weg war lang, Lebenserinnerungen", arani Verlags-GmbH, Berlin-Grunewald 1954.
Paul Löbe wurde am 14. 12. 1875 als Sohn eines Tischlers in Liegnitz geboren. Er machte eine Lehre als Schriftsetzer. Von 1899—1919 war er Schriftleiter der Breslauer „Volkswacht". Er engagierte sich stark für den Sozialismus, war viele Jahre Reichstagspräsident. Nach 1933 war er mehrfach in Haft. Nach 1945 erneut politisch tätig, gehörte er von 1949—1953 dem Bundestag an. 1954 wurde er Präsident des Kuratoriums Unteilbares Deutschland. Paul Löbe starb am 3. 8. 1967 in Bonn.

Joseph Wittig: „*Der gestohlene Christbaum*"
Aus „Weihnachtliches Hausbuch", Johannes Stauda-Verlag, Kassel, 1956.
Joseph Wittig wurde am 22. 1. 1879 in Neusorge bei Schlegel als Sohn eines Zimmermanns geboren. Er studierte Theologie in Breslau, promovierte zum Dr. phil. und erhielt 1903 die Priesterweihe. Nach einem Aufenthalt in Rom wurde er Seelsorger in Breslau, wo er 1911 zum ordentlichen Professor an der Universität ernannt wurde. Mit wissenschaftlichen Veröffentlichungen geriet er in Widerspruch zur katholischen Kirche und wurde 1926 exkommuniziert und emeritiert. Er heiratete und zog nach Neusorge. Nach seiner Vertreibung lebte er bis zu seinem Tode am 22. 8. 1949 in Göhrde-Forst. 1946 wurde die Exkommunizierung bedingungslos aufgehoben. Als religiöser Volksschriftsteller hatte er eine große Lesergemeinde.

Käthe Kruse: „*Die Alles-Stube*"
Aus „Das große Puppenspiel" Verlag Kurt Vowinckel, Heidelberg 1951.
Käthe Kruse geb. Simon wurde am 17. 9. 1883 in Breslau geboren. Sie wurde zunächst Schauspielerin und heiratete 1902 den Bildhauer Max Kruse. Seither fertigte sie in ihrer Werkstatt in Bad Kösen individuell gestaltete Puppen aus Stoff, ab 1933 auch Schaufensterpuppen an. Seit 1951 ist die Werkstatt in Donauwörth. Käthe Kruse starb am 19. 7. 1968 in Murnau.

Edith Stein: *„Aus dem Leben eines jüdischen Mädchens"*
Aus „Edith Stein, Werke Bd. VII"
Edith Stein wurde am 12. 10. 1891 als Tochter eines jüdischen Kaufmanns in Breslau geboren. Dort besuchte sie das Gymnasium, später die Universität. 1922 konvertierte sie zum Katholizismus und war von 1922—31 Lehrerin am Dominikanerinnenkloster in Speyer, dann Dozentin für wissenschaftliche Pädagogik in Münster. 1933 wurde sie Karmeliterin zunächst in Köln und ab 1938 in Holland im Karmel zu Echt. Wahrscheinlich kam sie am 9. 8. 1942 im KZ Auschwitz um. Sie ist eine der ersten Laientheologinnen. Am 1. 5. 1987 wurde sie in Köln selig gesprochen. Ihr Ordensname lautete Teresia Benedicta a Cruce.

Traud Gravenhorst: *„Spindlerbaude"*
Aus „Amarant, Tage der Kindheit", Bergstadtverlag Wilh. Gottl. Korn, München 1958
Traud Gravenhorst wurde am 17. 5. 1892 in Breslau geboren. Sie lebte später in Berlin, Mannheim und zuletzt in München, wo sie am 28. 6. 1968 starb. Ihre Romane und Erzählungen führen häufig in ihre alte Heimat zurück.

Die Ufabank (Spinnstubenlied)
Aus „Baudenzauber, Schlesische Erzählungen" von Erle Bach, Husum Druck- und Verlagsgesellschaft, Husum 1989
Der Verfasser dieses Liedes in gebirgsschlesisch ist unbekannt. Es handelt sich vermutlich um ein Spinnstubenlied aus Schreiberhau oder Kunnersdorf. Es wurde von Frau Martha Dressler geb. Feist (1876—1955) aus Hirschberg festgehalten.

Will-Erich Peuckert: *„Neujahrsglückwunsch eingefroren"*
Aus „Kreis Trebnitzer Heimatzeitung" 1. und 2. Dezember 1960
Will-Erich Peuckert wurde am 11. 5. 1895 in Töppendorf geboren. Er schloß sein Studium in Breslau 1927 mit dem Dr. phil. ab, war dann Dozent an der Pädagogischen Akademie und von 1932—35 an der Universität in Breslau. Während des 3. Reiches wurde er entlassen. Von 1946—65 war er dann Professor für deutsche Volkskunde und Geistesgeschichte in Göttingen. Neben Veröffentlichungen aus seinem Fachbereich, am bekanntesten seine Sagensammlungen, schrieb er Lyrik und Romane. Will-Erich Peuckert starb am 25. 10. 1969 in Langen Kreis Offenbach.

Elisabeth Derlick: *„Der gute alte Garten"*
Aus „Krippe, Sterne, Kerzen", Der Wegweiser 36, Schriftenreihe für die Ost-West-Begegnung, Wegweiser Verlag Troisdorf 1959.
Elisabeth Gerlitz geb. Derlick wurde am 8. 11. 1900 in Parchwitz Kreis Liegnitz geboren. Später lebte sie in Württemberg in Kirchenkirnberg und Neuenbürg bei Calw. Sie starb am 19. 3. 1978 in Murrhardt. Elisabeth Derlick schrieb Novellen, Erzählungen und Märchen sowie Hörspiele.

Richard Wolf: „*Die Oheime hinterm Berg*"
Aus „Land der Liebe. Eine Kindheit in Schlesien", Marx Verlag, Leimen 1983 (Reprintausgabe)
Richard Wolf wurde am 14. 7. 1900 in Bad Landeck geboren. Er wurde Lehrer und war als solcher viele Jahre im Ausland tätig. Zurückgekehrt nach Europa, leitete er verschiedene deutsche Kulturinstitute, vor allem in Jugoslawien. Nach dem Krieg war er zunächst als Lehrer und Schriftsteller in Bad Liebenzell tätig, übernahm nach einigen Jahren die Leitung der Zentralverwaltung des Goetheinstitutes in München und unternahm als Direktor des Institutes viele Auslandsreisen. Richard Wolf lebte im Ruhestand in Rottach-Egern, wo er am 13. 11. 1995 starb. Sein Werk umfaßt Romane, Erzählungen und Novellen.

Gerhard Uhde: „*Die alte Liebe kommt nicht mehr*"
Aus „Der nahe und der ferne Himmel" Eugen Salzer Verlag, Heilbronn 1962.
Gerhard Uhde wurde am 7. 8. 1902 in Thorn geboren. Seine Kindheit und Jugend verbrachte er in Schömberg bei Landeshut, in Levin und in Ratibor. Er lebte später als Spielleiter und Schriftsteller in Bad Hersfeld. Sein Werk − Drama, Lyrik, Roman und Novelle −, erfuhr etliche Auszeichnungen. Gerhard Uhde starb am 7. 8. 1980 in Heidenheim an der Brenz, wo er Leiter des Naturtheaters gewesen war.

Erich Rommerskirch: „*Fahrten über Land*"
Aus „Frühes Licht und erste Schatten, Eine Kindheit in Schlesien 1904−1918", Verlag Herder, Freiburg 1978.
Erich Rommerskirch wurde 1904 in Trebnitz als Sohn eines Arztes geboren. Er trat 1923 in den Jesuitenorden ein und wurde 1935 zum Priester geweiht. 1938 wurde er Jugendseelsorger. Er übte seine Tätigkeit in Berlin, Breslau, Karlsruhe und Marburg aus, wo er Altenseelsorger war und am 1. 5. 1989 starb. Er gehörte dem Bonifatius-Haus Marburg an.

Herbert Roch: „*Oberlausitzer Kindheit*"
Aus „Heimat, Erinnerungen deutscher Autoren", Horst Erdmann Verlag 1965.
Herbert Roch wurde am 30. 12. 1907 in Penzig geboren. Dort besuchte er die Volks- und Mittelschule. Nach der Rückkehr aus USA, wo er fünf Jahre lebte, machte er in Berlin Abitur und lebte dort seit 1937 als freier Schriftsteller. Er schrieb Romane, Biographien und Essays. Herbert Roch starb am 30. 3. 1978 in Lübeck.

Marion Schreiber-Kellermann: „*Herbstmarktgerüche*"
Aus „Brieger Straße, Eine Kindheit in Schlesien 1925−1933" Ullstein Verlag, Berlin, Frankfurt am Main 1987.
Marion Schreiber-Kellermann wurde 1920 in Brieg geboren. Die Jahre ihrer Kindheit von 1925−33 verlebte sie in Ohlau. Nach dem Besuch des Lyzeums wurde sie Steuergehilfin. 1939 zur Luftwaffe verpflichtet, wurde sie als Funkerin ausgebildet. Nach Kriegsende wurde sie Dolmetscherin und heiratete 1951 Hermann Schreiber. Neben Essays und

Kritiken für namhafte Zeitungen und Zeitschriften schrieb sie Kinderbücher, Krimis und Sachbücher.

Jochen Hoffbauer: *„Der verweigerte Segen"*
Aus „Glut aus der Asche. Schlesische Erzählungen", Husum Druck- und Verlagsgesellschaft, Husum 1987
Jochen Hoffbauer wurde am 10. 3. 1923 in Geppersdorf, Kreis Löwenberg/Niederschlesien, geboren. Er war zunächst Inspektor, später dann Versicherungs-Regulierungsbeauftragter. Er ist Mitarbeiter verschiedener Zeitschriften und in literarischen Gesellschaften. Sein Werk umfaßt Lyrik, Erzählungen und Essays. Darüber hinaus gab Jochen Hoffbauer zahlreiche schlesische Anthologien heraus wie „Schlesisches Weihnachtsbuch", „Du Land meiner Kindheit. Schlesische Dichter erzählen aus ihrer Kinderzeit", „Schlesische Märchenreise. Alte Volksmärchen aus Schlesien". 1963 erhielt er den Eichendorff-Literaturpreis. Jochen Hoffbauer lebt in Kassel.

Barbara Bartos-Höppner: *„Die zwölf Fremden"*
Aus „Erzählbuch zur Weihnachtszeit", Verlag Ernst Kaufmann/Christophorus-Verlag, Freiburg 1988.
Barbara Bartos-Höppner wurde am 4. 11. 1923 in Eckersdorf Kreis Bunzlau geboren. Sie verbrachte ihre Jugend in Schlesien. Nach ihrer Vertreibung lebte sie vorübergehend in Hamburg, später in Buxtehude und lebt jetzt seit vielen Jahren in Nottensdorf bei Hamburg. Sie schreibt Romane, Sach-, Jugend- und Kinderbücher sowie Bilderbuchtexte. Ihre Jugend-Bücher kamen mehrfach auf die Auswahlliste des deutschen und auch europäischen Jugendbuchpreises. Ihr Werk erfuhr zahlreiche Auszeichnungen.

Hajo Knebel: „Breslau: Kaiser-Brücke"
Aus „So gingen wir fort, Ostdeutsche Autoren erzählen von den letzten Tagen daheim", J. F. Lehmanns Verlag, München 1970.
Hajo Knebel wurde am 19. 7. 1929 in Bunzlau geboren, er wuchs in Martinwaldau in Niederschlesien auf und besuchte die Schule in Heidanger in der Oberlausitz und in Breslau. Seit 1945 lebt er im Rheinland. Seine zahlreichen Buchveröffentlichungen umfassen Romane, Erzählungen und Sachbücher sowie Hör- und Fernsehspiele zu schlesischen und rheinischen Themen. Er erfuhr als Schriftsteller zahlreiche Ehrungen.

Bodo Heimann: *„In der Heimat"* (Gedicht)
Bodo Heimann wurde am 20. 3. 1935 in Breslau geboren. Er studierte Germanistik, Geschichte und Philosophie in Freiburg, Berlin und Frankfurt. 1962 promovierte er zum Dr. phil., nach seinem 2. Staatsexamen 1963 unterrichtete er am Gymnasium in Cuxhaven, außerdem an der Marinefachschule als Dozent. Von 1966–69 war er als Professor für deutsche Sprache und Literatur in Indien. Seit 1969 lehrt er am Institut für Literaturwissenschaft an der Universität in Kiel. 1976/77 übernahm er eine Gastprofessur in Kanada. Er ist seit 1984 Herausgeber des Jahr-

buchs „Euterpe". Bodo Heimann schreibt Lyrik, Kurzprosa und Essays.

Ursula Lange: *„Der Zobten bleibt an seinem Platz"*
Aus „Heimweh nach Schlesien. Zwölf Erzählungen", Husum Druck- und Verlagsgesellschaft, Husum 1989.
Ursula Lange wurde 1921 in Waldenburg/Sachsen geboren. Sie entstammt einer sächsisch-schlesischen Pastorenfamilie. In Dresden besuchte sie die Höhere Mädchenschule und das Fremdspracheninstitut. Nach Arbeitsdienst und Kriegsdienstverpflichtung wurde sie Fremdsprachensekretärin und Fachübersetzerin. Sie machte ihr Examen am Institute of Linguists in London. Nach mehrjährigem Auslandsaufenthalt lebt sie jetzt als Hausfrau und Mutter in Damme in Südoldenburg. Dort ist sie freiberuflich als Übersetzerin und Autorin tätig mit Veröffentlichungen in Periodika, Jahrbüchern, Heimatblättern und Anthologien.

Walter Reiprich: *„Der Kindergarten"* (Gedicht)
Aus „Kulturpolitische Korrespondenz", 10. 2. 1985 Bonn Nr. 572/573
Walter Reiprich wurde am 10. 10. 1924 in Leutmannsdorf, Kreis Schweidnitz, geboren. Seine Jugend- und Schulzeit verbrachte er in Reichenbach im Eulengebirge. Nach der mittleren Reife studierte er Musik in Breslau. 1942 wurde er zur Luftwaffe eingezogen. Nach der Vertreibung seiner Angehörigen war er in Heidelberg in verschiedenen Berufen tätig, zuletzt als kaufmännischer Angestellter. Als Laienspieler und Regisseur war er mehrere Jahre Leiter der Schlesischen Theaterspielgruppe, ebenso der der Volkshochschule Heidelberg. Sein schriftstellerisches Werk umfaßt Lyrik, Prosa, Dramen, Essays und Hörfolgen. Er erhielt etliche Auszeichnungen und Ehrungen. Walter Reiprich lebte in Dossenheim. Er starb am 16. 7. 1991.

Der Verlag dankt allen Autoren, Rechtsinhabern und Verlagen für die freundlichen Erlaubnisse zum Abdruck der Beiträge. In den Fällen, wo die Inhaber der Rechte trotz aller Bemühungen nicht festzustellen oder erreichbar waren, verpflichtet sich der Verlag, rechtmäßige Ansprüche im üblichen Rahmen abzugelten.

Inhaltsverzeichnis

Regionalia im HUSUM TASCHENBUCH

Anekdoten aus Baden-Württemberg · aus Bayern · aus Berlin · aus Brandenburg · aus Hamburg · aus Hessen · aus Mecklenburg-Vorpommern · aus Niedersachsen · aus Ostpreußen · aus Pommern · aus Sachsen · aus Sachsen-Anhalt · aus Schlesien · aus Schleswig-Holstein 1 · aus Schleswig-Holstein 2 · aus Thüringen · vom Militär – **Entdecken und erleben (Reiseführer):** Mecklenburg-Vorpommerns Kunst · Niedersachsens Kunst · Niedersachsens Literatur · Ostpreußens Literatur · Schleswig-Holsteins Geschichte · Schleswig-Holsteins Kunst · Schleswig-Holsteins Literatur – **Im Gedicht:** Berlin · Niedersachsen · Schleswig-Holstein – **Humor** aus Schlesien – Schlesische **Kinderreime – Kinder- und Jugendspiele** aus Schleswig-Holstein 1 · aus Schleswig-Holstein 3 · aus Westfalen – **Kindheitserinnerungen** aus Berlin · aus Hamburg · aus Köln · vom Niederrhein · aus Oberschlesien · aus Ostpreußen · aus Pommern · aus Sachsen · aus Schlesien · aus Schleswig-Holstein · aus Westfalen – **Komponisten** aus Schleswig-Holstein – **Krippengeschichten** aus Deutschland – **Legenden** der kanadischen Indianer · aus Westfalen – **Märchen** aus Baden-Württemberg · aus Mecklenburg · aus Niedersachsen · aus Schleswig-Holstein · aus Westfalen – **Redensarten** aus Hessen – **Aus dem Sagenschatz** der Brandenburger und Schlesier · der Franken · der Hessen · der Niedersachsen und Westfalen · der Österreicher · der Ostpreußen und Pommern · der Sachsen · der Schleswig-Holsteiner und Mecklenburger · der Schwaben · der Thüringer – **Volkssagen** aus Niedersachsen – **Sagen** aus Baden-Württemberg · aus Franken · aus Hamburg · aus Mecklenburg · aus Sachsen · aus Schlesien · aus Schleswig-Holstein · aus Südtirol · aus Westfalen – **Schulerinnerungen** aus Franken · aus Hamburg · aus Mecklenburg · aus Niedersachsen · aus Ostpreußen · aus Schleswig-Holstein – **Schwänke** aus Bayern · aus Franken · aus Schleswig-Holstein · aus Schwaben · aus Westfalen – **Sprichwörter** aus Hessen – **Sprichwörter und Redensarten** aus Mecklenburg · aus Schleswig-Holstein – **Plattdeutsche Sprichwörter** aus Niedersachsen – **Weihnachtsgeschichten** aus Baden · aus Bayern · aus Berlin · aus Brandenburg · aus Bremen · aus Franken · aus Hamburg · aus Hessen · aus Köln · aus Mecklenburg · aus München · vom Niederrhein · aus Niedersachsen · aus Oberschlesien · aus Ostpreußen · aus Pommern · aus dem Rheinland und der Pfalz · aus Sachsen · aus Sachsen-Anhalt · aus Schlesien · aus Schleswig-Holstein 1 · aus Schleswig-Holstein 2 · aus Schwaben · aus dem Sudetenland · aus Thüringen · aus Westfalen · aus Württemberg – **Weihnachtsmärchen und Weihnachtssagen** aus Schleswig-Holstein – **Witze** aus Hamburg · aus Mecklenburg · aus Ostpreußen · aus Pommern · aus Sachsen · aus Schleswig-Holstein

HUSUM HUSUM DRUCK- UND VERLAGSGESELLSCHAFT
Postfach 1480 · D-25804 Husum